AF603249

MANUEL

DE

TRAVAUX A L'AIGUILLE

A L'USAGE DES JEUNES FILLES

PAR MME CÉCILE REGNARD

Membre du Comité des Salles d'asile

Avec 90 figures intercalées dans le texte

OUVRAGE COURONNÉ PAR LA SOCIÉTÉ POUR L'ENSEIGNEMENT ÉLÉMENTAIRE

TROISIÈME ÉDITION

PARIS

LIBRAIRIE HACHETTE ET Cie

79, BOULEVARD SAINT-GERMAIN, 79

1879

MANUEL

DE

TRAVAUX A L'AIGUILLE

32 914 — PARIS, TYPOGRAPHIE A. LAHURE
Rue de Fleurus, 9

MANUEL

DE

TRAVAUX A L'AIGUILLE

A L'USAGE DES JEUNES FILLES

PAR MME CÉCILE REGNARD

Membre du Comité des Salles d'asile

Avec 90 figures intercalées dans le texte

OUVRAGE COURONNÉ PAR LA SOCIÉTÉ POUR L'ENSEIGNEMENT ÉLÉMENTAIRE

TROISIÈME ÉDITION

PARIS

LIBRAIRIE HACHETTE ET Cie

79, BOULEVARD SAINT-GERMAIN, 79

1879

PRÉFACE.

L'instruction se généralise de plus en plus chez les femmes, et le goût des travaux à l'aiguille semble obéir à la même impulsion : c'est un grand bien ; car l'éducation de la jeune fille ne saurait être complète sans l'art de ces travaux manuels qui peuvent être une ressource pour l'avenir et qui seront toujours un remède contre l'ennui.

Que de motifs de satisfaction ne trouve pas la femme dans la confection de ces divers objets destinés, si elle est riche, à une fête de famille, à un ameublement qui laissera d'elle un doux souvenir, à une œuvre de bienfaisance; si elle est pauvre, à en retirer un prix qui adoucira, pour elle ou pour sa famille, les rigueurs de la fortune.

La femme active est heureuse au milieu de la famille; elle apporte dans son ménage l'ordre, l'économie, l'aisance, la force morale.

La femme désœuvrée ne vit pas dans son intérieur. Elle court de visite en visite, de promenade en promenade; alors viennent les vains plaisirs, l'amour de la parure, et, au bout de tout cela, le vide le plus complet, le plus effrayant pour elle; pour les siens, le désordre et la ruine.

J'ai été témoin de plusieurs grandes infortunes amenées par des femmes paresseuses, et je voudrais pouvoir donner l'amour du travail manuel à toutes les jeunes femmes; puisse mon modeste volume y contribuer un peu et faire passer, à mes lectrices, quelques heures utiles et agréables.

Cécile REGNARD.

AVIS.

Nous ne donnons que sous condition les numéros de grosseur pour les aiguilles et les cotons : ces numéros variant chez chaque fabricant.

MANUEL

DES

TRAVAUX A L'AIGUILLE

COUTURE.

Ce genre de travail, le plus modeste de tous, paraît aussi le plus facile. Tout le monde croit savoir coudre, peu de personnes au contraire manient bien l'aiguille, parce que pour bien coudre, il faut l'application, la patience et surtout l'habitude.

POINT AVANT.

Le premier point qu'il faut apprendre à la petite fille ou à l'apprentie est le point *avant* (voy. fig. 1, 1re partie) dont on se sert pour un grand nombre d'ouvrages, jupes de robe, chemises d'homme, etc.

Ce point consiste à prendre sur une aiguille quelques fils de l'étoffe, à en laisser alternativement tout autant au-dessous ; sa principale qualité doit être la régularité, et cette régularité ne peut s'acquérir que par l'habitude.

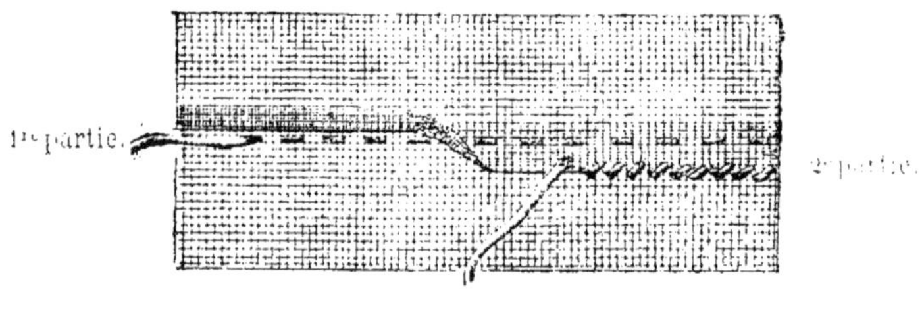

Fig. 1.

Dans certains genres de fronces on doit mettre sur l'aiguille quelques fils de moins qu'au-dessous;

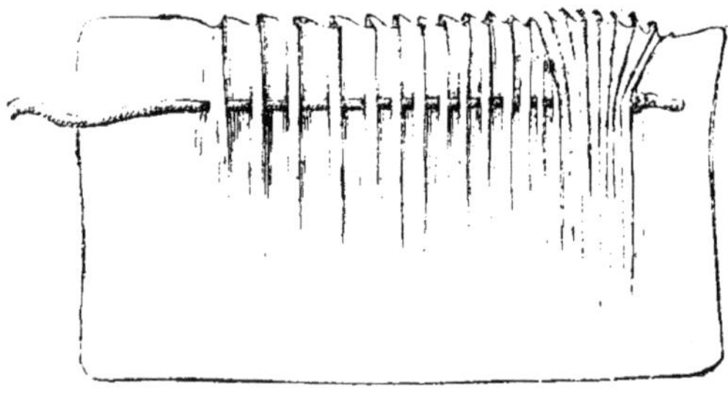

Fig. 2.

dans les fronces, par exemple, pour montages de robes, chemises d'homme, etc. (voy. fig. 2).

POINT ARRIÈRE.

Pour le point *arrière* ou couture piquée, il faut piquer l'aiguille en arrière au lieu de la piquer en avant, prendre tous les brins d'étoffe qui ne sont pas encore sous le fil et en mettre tout autant en avant.

Afin que le travail soit plus régulier, il est bon de tirer un brin dans l'étoffe et de faire la couture à la place du fil enlevé : mais ceci ne peut guère être fait que sur les objets de lingerie et non sur les corsages de robes, ou sur les autres étoffes.

POINT OURLET.

La couture ourlet (voy. fig. 3 et 2e partie de la fig. 1) se fait soit pour entourer une pièce comme

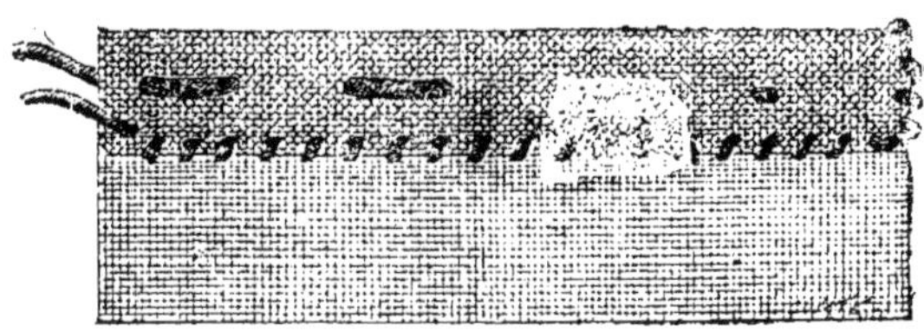

Fig. 3.

serviette, mouchoir de poche ; soit pour réunir deux pièces, comme les manches des objets de lingerie, etc.

Pour entourer une pièce, repliez sur le bord une petite bande d'étoffe de trois ou quatre brins; faites un second rempli selon la largeur que vous voulez donner à l'ourlet; choisissez du fil à peu près de la grosseur des brins de l'étoffe, et une aiguille un peu plus grosse; prenez trois brins horizontalement de l'étoffe qui est au-dessous, et verticalement de celle qui est au-dessus, mais en penchant un peu l'aiguille, de manière que le point soit assez allongé; car la beauté de l'ourlet n'est pas tant dans la petitesse du point que dans sa régularité.

Lorsque les ourlets doivent être d'une certaine largeur, comme ceux des bas de robes, il est bon de bâtir les remplis, afin qu'ils soient partout réguliers.

Les brins ne peuvent guère se compter que dans les ourlets faits sur le linge; pour les autres, il faut se borner à faire les points d'une grande régularité, et de manière que le point horizontal soit toujours un peu plus allongé que le vertical.

POINT SURJET.

Pour faire un surjet, prenez deux morceaux d'étoffe; repliez-en le bord aussi droit que possible et rejoignez-les par un faufilé afin de ne faire boire d'aucun côté. Lorsque l'ouvrage est ainsi préparé, prenez une aiguille et du fil en rapport avec la grosseur de l'étoffe; piquez cette aiguille des deux côtés à la fois en commençant sur la droite, et faites une sorte de cordonnet que vous aurez soin de ne pas trop serrer. Les points ne doivent pas être très-rapprochés; la couture serait dure et mal faite; il faut qu'elle puisse s'aplatir parfaitement avec le dé.

POINT DE CHAUSSON.

Le point de chausson (voy. fig. 4) sert souvent à rabattre les deux côtés repliés du surjet; il est très-employé dans les coutures de la flanelle. On pique son aiguille sous le côté droit du morceau replié, ayant bien soin de rejeter le fil vers la droite; on la pique de nouveau sur le rempli de

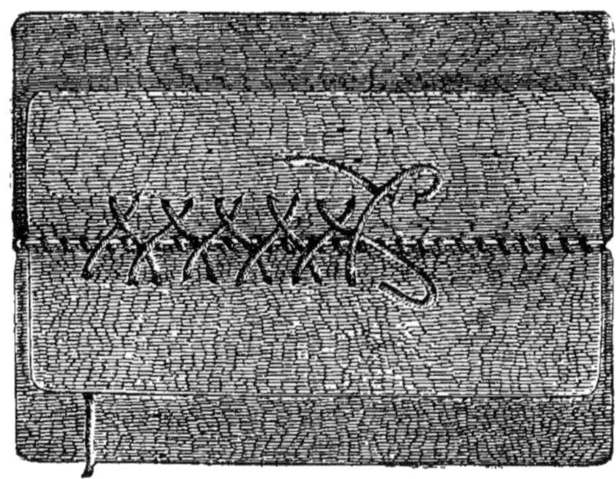

Fig. 4.

gauche, passant le fil sur le précédent et entrant l'aiguille au-dessous du point déjà fait, on forme alors ce point croisé qu'on nomme, de chausson ou d'épine.

POINT TURC.

Le point turc (voy. fig. 5) se fait autour des ourlets dans les objets de lingerie élégante, cols, mouchoirs, etc.

Prenez une aiguille très-grosse et du fil d'Écosse très-fin (n° 200 par exemple), faites deux ou trois points pour arrêter le fil solidement, placez l'aiguille en biais, allant de droite à gauche de manière que la tête soit sous les points de l'ourlet et la pointe en bas, et qu'il y ait dessus cinq à six brins d'étoffe; passez trois ou quatre fois l'aiguille dans la même direction, repassez-la ensuite dans la ligne horizontale supérieure, prenant 5 à

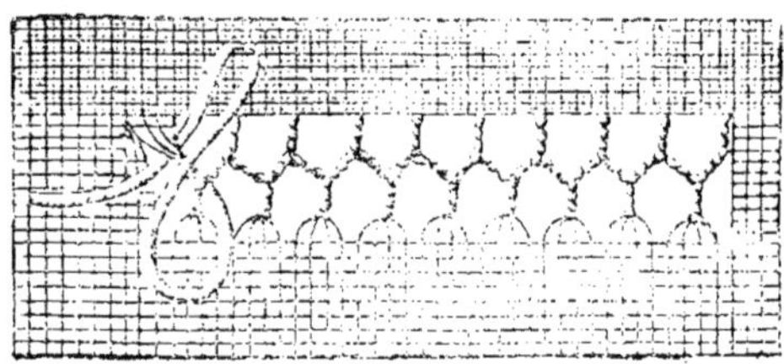

Fig. 5.

6 brins, et couvrez-les trois ou quatre fois. Replacez l'aiguille dans le point inférieur et ressortez-la dans le supérieur, afin de prendre les brins d'étoffe intermédiaires; passez trois ou quatre fois; repassez l'aiguille dans le jour inférieur, mettez dessus cinq à six fils et faites cinq à six fois le tour des brins. Recommencez à faire une maille en biais de haut en bas en prenant toujours les fils intermédiaires, puis une maille horizontale en haut, une maille en biais, une en bas et toujours ainsi, remarquant qu'à

finissant la maille horizontale du haut, l'aiguille doit rentrer dans le jour d'en bas et ressortir en haut, tandis qu'après la maille horizontale du bas, l'aiguille doit rentrer au contraire dans le jour du haut, et ressortir par celui d'en bas. Pour un double jour (voy. fig. 6), suivez la même méthode,

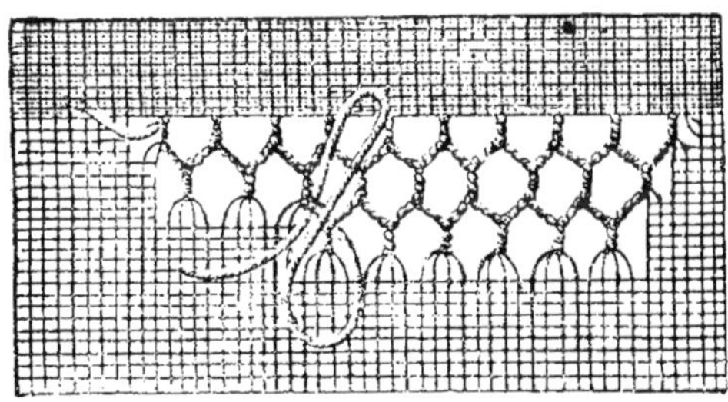

Fig. 6.

prenant pour points horizontaux supérieurs les points qui forment la rangée du haut.

On peut ainsi faire plusieurs rangées, selon la largeur que l'on veut donner au jour.

Voici l'explication de quelques objets qui renferment tous les points de la couture usuelle.

TABLIER D'ENFANT.

La destination qu'on donnera à ce tablier (voy. fig. 7) réglera le choix de l'étoffe avec laquelle on le fera. La pièce du haut (voy. fig. 8) doit être coupée fil droit sur le devant, le dos en biais. Elle doit être doublée : pour cela on posera bien exactement les deux morceaux l'un sur l'autre, ayant soin de les bâtir, afin qu'ils ne se dérangent pas. On bordera cette pièce devant et dos d'une ganse ronde de coton, renfermée dans un biais de pareille étoffe au tablier; on bâtira cette ganse de façon à ne prendre que la pièce de dessus, afin de

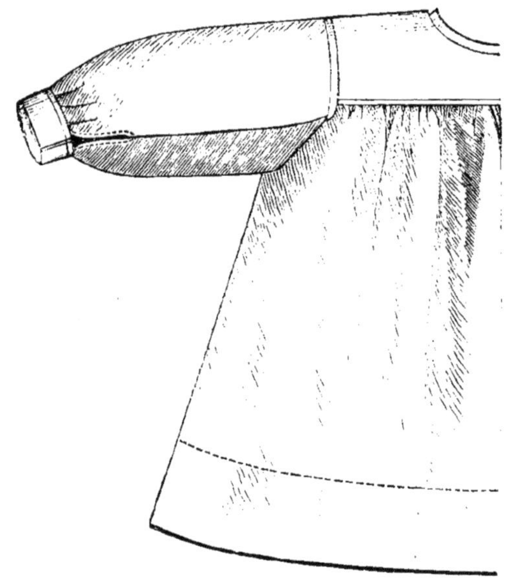

Fig. 7.

réserver libre la doublure qui doit se rabattre sur le tablier (voy. fig. 9).

La moitié de la largeur du tablier doit être réservée pour le devant, l'autre partagée en deux parties égales pour les deux côtés du dos. Les deux lisières doivent se trouver derrière et tenir lieu d'ourlet. Le devant du tablier se fronce dans toute sa largeur à l'exception de deux centimètres unis

Fig. 8.

laissés près de l'emmanchure de chaque côté. Ces fronces se font en prenant régulièrement sur l'aiguille trois fils dessus et laissant trois fils dessous. Pour obtenir une grande précision dans la pose de ces fronces sur la pièce, on partagera préalablement l'étoffe par moitié et par quarts, fixant, au moyen d'épingles, ces mesures à la pièce du tablier que l'on aura de même divisée par moitié et par quarts. Après cette préparation ces fronces se fixeront au bord de la pièce du tablier sur la ganse, par une couture faite en point arrière, qui prendra séparément chacune des fronces; la doublure de la pièce viendra ensuite se rabattre sur

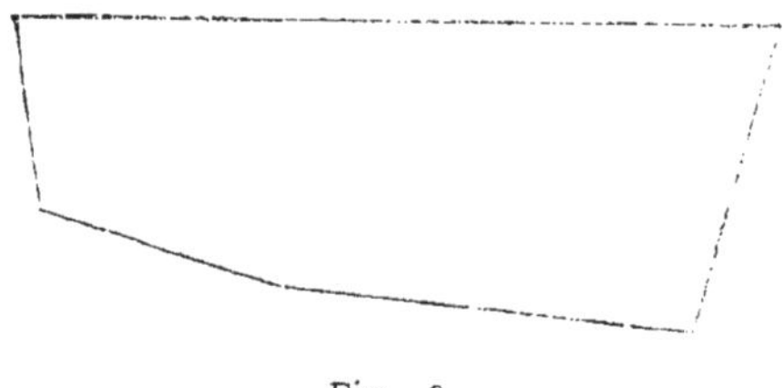

Fig. 9.

ces fronces par une couture en point d'ourlet, après avoir replié le bord.

Manches : Il faut les couper selon le patron (voy. fig. 9), ayant soin de mettre le fil droit de l'étoffe dans la hauteur; cette manche se ferme par une couture en ourlet; une ouverture de trois à quatre centimètres sera laissée à l'extrémité inférieure; un petit ourlet bordera cette ouverture. Le bas de la manche se fronce de la même manière qu'il a été indiqué pour le tablier. On laissera environ deux centimètres unis de chaque côté de la couture; les fronces du bas de la manche se fixent sur un poignet de pareille étoffe au tablier, coupé de manière que le fil droit se trouve dans la longueur; le poignet sera bordé du côté de la manche par une ganse pareille à celle de la pièce du tablier : pour la régularité des fronces, on observera les indications données; le poignet devra avoir le double de hauteur que l'on veut lui donner, afin d'en replier la moitié destinée à servir de doublure, et venant se rabattre sur les fronces du bas de la manche. Le tour de l'emmanchure se borde d'une ganse pareille à celle qui borde la pièce du tablier; on bâtira cette ganse et dessus on posera la manche par une couture en point arrière; cette couture se surfile ou elle se renferme dans un petit ruban de fil haut d'un centimètre posé à cheval. Le bas du tablier se termine par un ourlet haut de trois centimètres et demi; il serait mieux de le piquer à l'endroit; pour cela, il faudrait le bâtir, retirer un fil de l'étoffe dans toute la longueur de l'ourlet, et suivre par une piqure ce sillon laissé vide par le fil retiré. La pièce du haut se ferme derrière par trois boutons posés sur le côté droit du tablier et auxquels viennent s'attacher les trois boutonnières faites à intervalles égaux du côté gauche de la pièce.

CORSAGE POUR ROBE D'ENFANT.

Ce corsage se coupe selon les dessins indiqués. On rassemble les deux dessus d'épaule, en réunissant le morceau du dos (voy. fig. 10) avec celui du

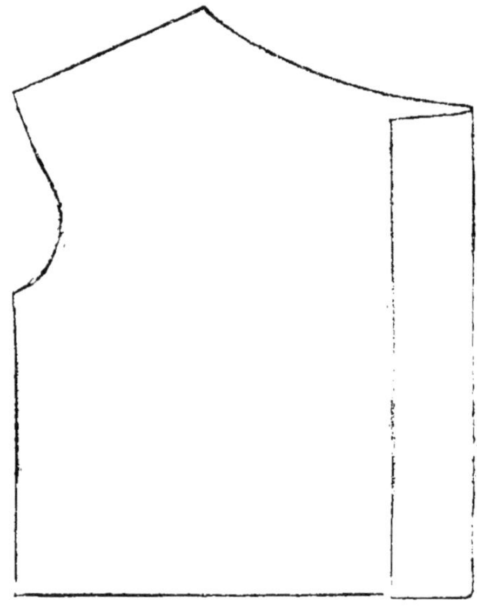

Fig. 10.

devant (voy. fig. 11) par une couture faite en point arrière et surfilée. On fait de même pour les dessous de bras; et l'on rassemble le devant avec le dos par la même couture indiquée pour les dessus d'épaules. Au bord, dans toute la hauteur des deux morceaux qui forment le dos, on fait un ourlet d'une largeur d'un centimètre. Les deux côtés du dos se froncent dans le bas; on fait partir ces fronces de l'ourlet, les égalisant sur une largeur d'un peu moins que la moitié du dos, laissant unie l'autre moitié jusqu'à la couture du dessous du bras. La partie inférieure du devant du corsage se prépare de même : avec fronces dans le milieu d'un

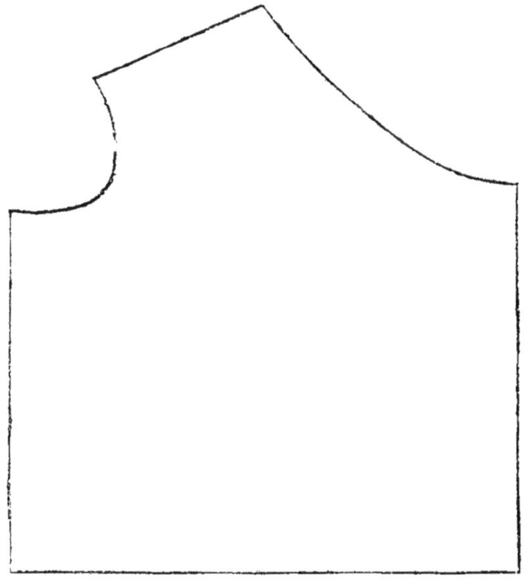

Fig. 11.

peu moins que le tiers de l'étoffe réservée pour le devant du corsage. On laissera de chaque côté de ces fronces un tiers uni jusqu'à la couture qui est sous les bras. Quand on aura ainsi préparé un corsage, on le bâtira sur une ceinture coupée dans la hauteur de l'étoffe pareille à la robe;

cette ceinture sera haute de deux centimètres et demi, non compris les plis pour lesquels on pourra ajouter un centimètre. On doublera cette ceinture d'un ruban de fil blanc que l'on bâtira avant de le coudre, de façon à ce que le bas du corsage se trouve pris entre le dessus et la doublure de la ceinture. On finira de coudre le bord supérieur de la ceinture dans toute sa longueur, par une piqûre, observant toujours de prendre en même temps la doublure sur l'aiguille. L'encolure se garnira d'un biais pareil à la robe (voy. fig. 12), fixé par une couture à points devant, rabattue en dessous par une couture à points d'ourlet. Avant de poser le bord de l'encolure, on froncera légèrement le haut du dos vers l'ourlet, afin que ces fronces forment l'éventail avec celles du bas. Les manches courtes (voy. fig. 13) doivent être coupées en biais, arrondies, et croisées sur le dessus du bras : le bord sera ourlé. Ces manches se posent au corsage par une couture en arrière-points à l'envers, surfilée ensuite

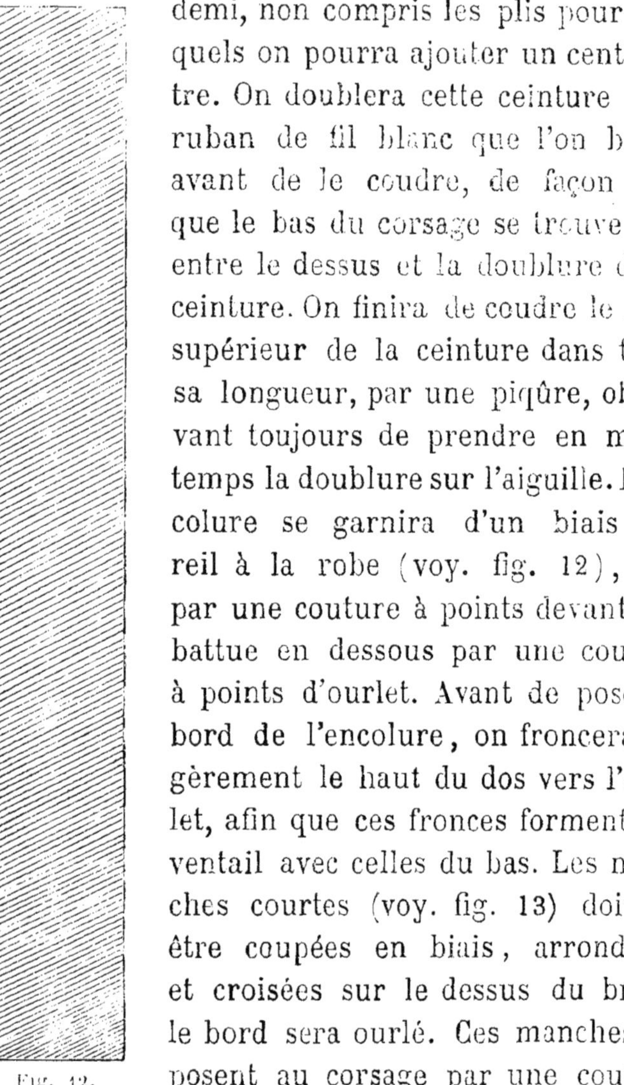

Fig. 12.

pour plus de solidité. On fera bien de bâtir ces manches avant de les coudre. On peut à vo-

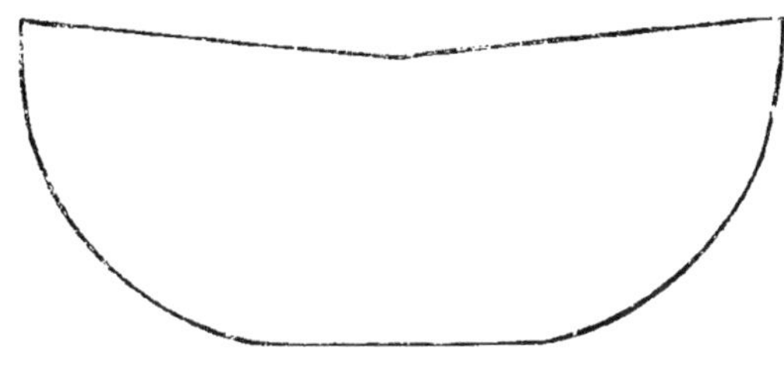

Fig. 13.

lonté ajouter une manche longue suivant le dessin indiqué (voy. fig. 14). Cette manche se compo-

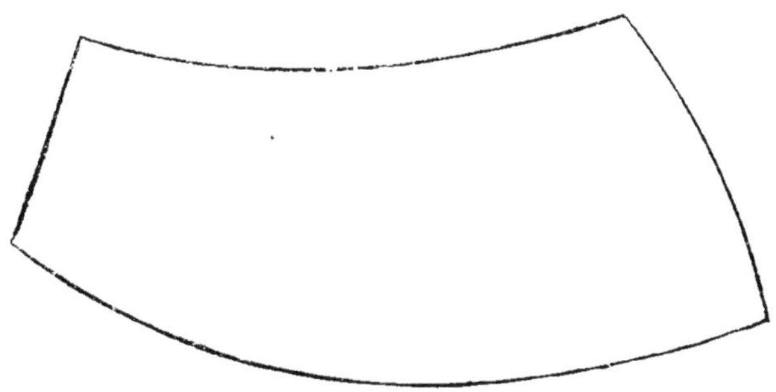

Fig. 14.

sera de deux parties, dessus et dessous, que l'on coupera à fil droit jusqu'à la hauteur du coude, le reste en biais jusqu'au poignet. On rapprochera les morceaux de dessus et de dessous la manche par une couture faite d'un point devant ou plutôt d'un point arrière; toutes ces coutures devront être surfilées; le bas de la manche sera terminé par un ourlet de deux centimètres de hauteur. La jupe se composera de plusieurs lés selon l'ampleur que l'on voudra donner à la robe; ces lés seront réunis par une couture à points devant, et le bas terminé par un ourlet de 3 centimètres à peu près.

REPRISES.

Voici le travail le plus ingrat peut-être, mais à coup sûr le plus utile pour une famille; car il procure de grandes économies en conservant longtemps une des choses les plus précieuses dans un ménage : le linge; surtout le linge de table. Une reprise bien faite rend à un objet de lingerie presque son premier prix, tandis qu'un mauvais raccommodage lui enlève toute sa valeur en le mettant hors d'usage.

Pour bien faire une reprise, il faut non-seulement une grande habitude, mais encore une grande patience; moyennant ces deux conditions, l'on peut arriver à imiter avec assez de perfection l'étoffe que l'on veut raccommoder.

Coupez d'abord la déchirure en carré et de manière que les fils de l'étoffe soient parfaitement alignés de chaque côté.

Bâtissez la déchirure sur un morceau de toile cirée, en faufilant les côtés de manière qu'ils soient bien posés droit fil. Prenez ensuite du fil ou du coton à peu près du même blanc et de la même grosseur que les brins qui constituent le linge que vous voulez raccommoder et tendez bien le tissu.

Pour la reprise de la figure 15, entrez l'aiguille à

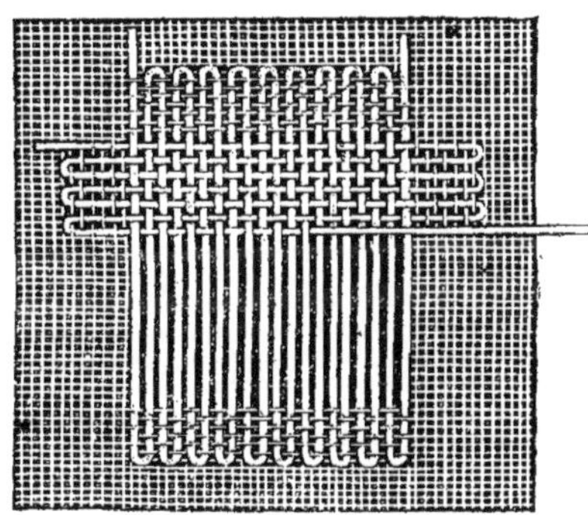

Fig. 15.

cinq ou six fils plus loin que la déchirure, en alternant un fil dessus et un fil dessous.

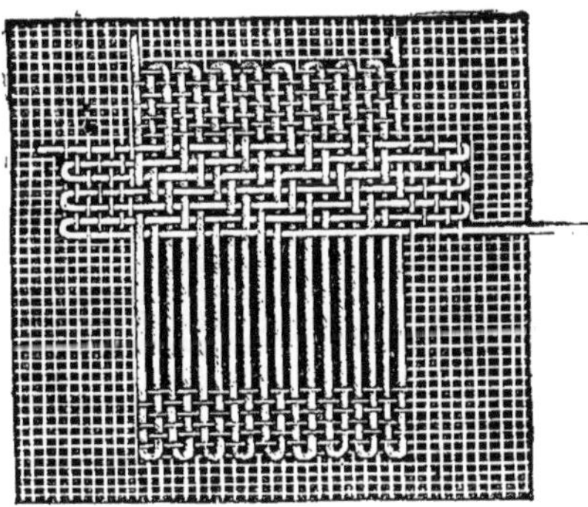

Fig. 16.

Pour la figure 16, suivez les mêmes conseils

que pour la figure 15 ; seulement au lieu de prendre un seul fil sur l'aiguille, prenez-en deux et laissez-en deux au-dessous, ayant soin à chaque rangée de mettre sous l'aiguille le brin qui a été déjà deux fois au-dessus et celui qui est à côté; ce qui formera le point de serviette le plus ordinaire.

Ce point se fait aussi pour reprise sur mérinos. Pour bien réussir, il faut effiler la laine d'un morceau de la même étoffe que l'objet déchiré, et placer la déchirure sur la toile cirée comme pour le linge.

Cette reprise imite l'étoffe, et si elle est bien réussie, elle peut conserver à l'usage une robe, un châle et beaucoup d'autres objets.

Le troisième genre de reprise (voy. fig. 17) est

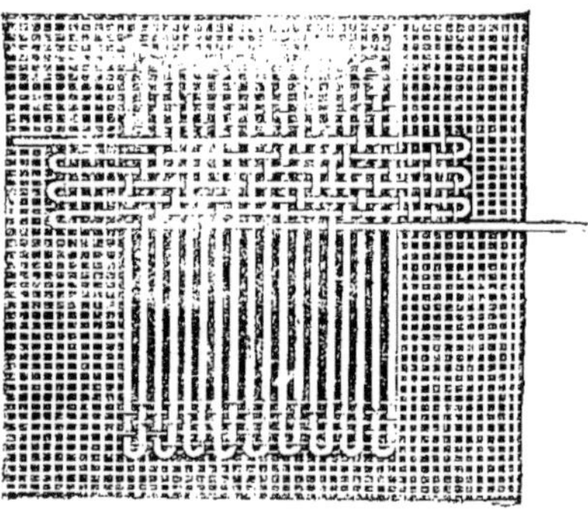

Fig. 17.

uniquement pour le linge; on l'exécute en prenant un brin sur l'aiguille et en en laissant trois au-dessous, ayant soin de mettre toujours sur l'aiguille le fil qui précède à gauche celui qui s'y trouvait auparavant.

On peut imiter tous les dessins du linge : losanges, petits carrés, roses, etc., en coupant toujours la déchirure en carré, la garnissant d'abord de fils droits pour faire la trame, et copiant sur cette trame, en comptant fil par fil, le dessin du tissu déchiré.

TRICOT.

Le tricot, presque abandonné pendant longtemps, a repris faveur depuis quelques années, et rivalise avec le crochet et le filet pour la confection de jolis ouvrages de luxe et d'utilité, tels que couvre-pieds, coussins, rideaux, bottines d'enfant, dentelles, entre-deux, etc.; voilà pourquoi nous traitons longuement ce genre d'ouvrage.

Voici l'explication des mots les plus usités pour le tricot.

Faire une maille unie ou à l'endroit, c'est tricoter une maille ordinaire; une augmentation, c'est passer le fil devant l'aiguille, et former une maille pour l'aiguille suivante; une diminution, c'est prendre deux mailles, les tricoter ensemble de manière à n'en faire qu'une; une double augmentation, c'est passer deux fois le fil autour de l'aiguille, et former ainsi deux mailles pour l'aiguille précédente; un jeté, c'est prendre une maille sans tricoter et la faire passer sur une maille tricotée; un jeté sur une diminution, c'est rabattre la maille qui n'a pas été tricotée sur une maille qui vient de former une diminution.

Surjeter, c'est rabattre toujours la maille précédente sur celle qu'on vient de tricoter; exemple : Tricoter deux mailles, rabattre la première sur la deuxième, en tricoter une autre, rabattre de nouveau la deuxième sur la troisième, et autant de fois qu'il est indiqué dans les explications. Une augmentation est quelquefois nommée jeté, mais à tort.

MANIÈRE DE MONTER UN TRICOT.

Prenez un brin du peloton avec lequel vous voulez tricoter; passez-le sous la paume de la main gauche, faites-le sortir entre le petit doigt et l'annulaire, en le serrant afin de le maintenir; entourez le pouce en allant de droite à gauche et revenant vers la droite; mettez une aiguille entre le pouce et l'index de la main droite, à peu près comme une plume pour écrire; entourez deux fois le petit doigt de la main droite avec le fil du peloton; faites repasser ce fil sous l'annulaire, le doigt du milieu et ressortir sur l'index; passez l'aiguille sous le fil qui entoure le pouce en entrant au-dessous et allant de droite à gauche; laissez glisser le fil sur l'aiguille et tirez le brin avec les doigts de la main gauche : la maille est alors formée. Entourez de nouveau le pouce pour former une seconde maille jusqu'à ce que l'aiguille contienne le nombre de mailles nécessaires pour l'ouvrage que vous entreprenez (voy. fig. 18). C'est le procédé le plus sim-

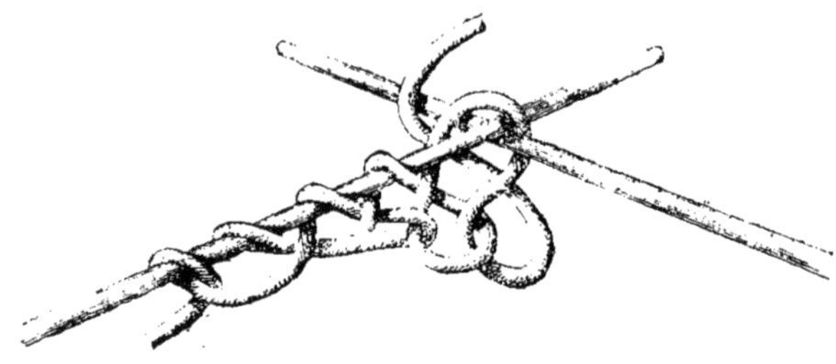

Fig. 18.

ple ; seulement il ne faut pas trop serrer les mailles, dans la crainte de ne pouvoir ensuite les tricoter.

MAILLE ORDINAIRE.

Pour faire la seconde aiguille, c'est-à-dire le vrai point de tricot, tenez dans la main gauche l'aiguille que vous venez de couvrir, de manière que les mailles soient entre le pouce et l'index. Replacez le fil sur la main droite, tel qu'il était pour le montage, prenez une seconde aiguille, placez-la comme vous aviez placé la première, entrez-la dans la première maille, de droite à gauche et au-dessous de l'aiguille gauche, de manière à former avec celle-ci un *V;* passez le fil au milieu de ce *V*, entre les deux aiguilles, ressortez l'aiguille droite sous l'aiguille gauche, en entraînant le brin qui doit l'entourer, poussez l'aiguille gauche de manière à laisser glisser tout le fil de la première bouclette; la maille se trouve ainsi faite sur l'aiguille droite; remettez cette aiguille comme la première fois et continuez jusqu'à la dernière maille.

Recommencez toujours de même si vous voulez

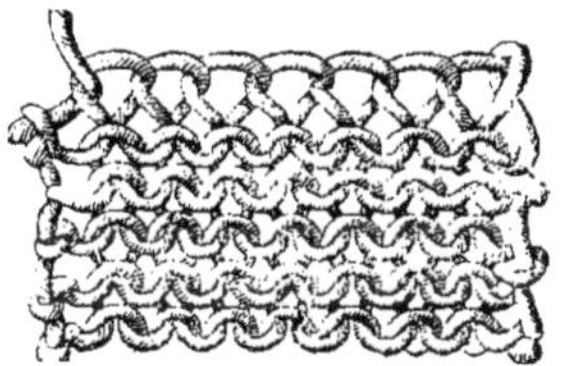

Fig. 19.

faire le tricot ordinaire, c'est-à-dire, le tricot pour mousse, cache-nez, etc., comme à la figure 19.

Le tricot pour bas se fait de même; mais comme

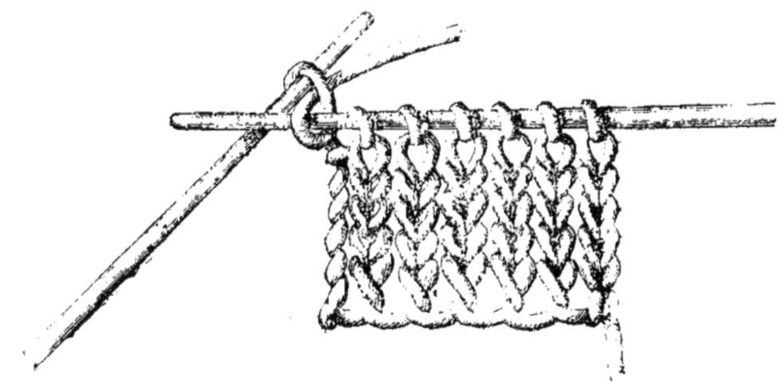

Fig. 20.

on tricote en tournant sans revenir sur la même aiguille, la maille a un aspect différent (voy. fig. 20).

MAILLE A L'ENVERS.

Pour tricoter une maille à l'envers (voy. fig. 21) placez d'abord le fil et les aiguilles comme pour le tricot ordinaire; ramenez le fil devant l'aiguille de

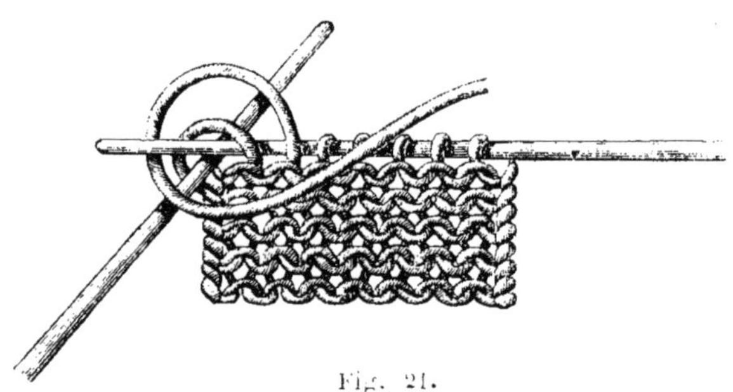

Fig. 21.

la main droite, entrez cette aiguille dans la bouclette pour former le V, mais de manière que l'aiguille droite soit sur le devant. Entourez cette aiguille avec le fil en allant de droite à gauche et retirez l'aiguille droite en allant en arrière, de manière que cette aiguille soit toujours entourée de ce fil qui doit former une maille à l'envers.

Laissez le fil devant l'aiguille tant que vous avez à tricoter des mailles à l'envers : si vous voulez au contraire en tricoter à l'endroit, replacez le fil derrière l'aiguille.

Les bordures de bas se font ordinairement en tricotant deux mailles à l'endroit et deux mailles à l'envers (voy. fig. 22). On fait aussi des jupons d'enfant et beaucoup d'autres ouvrages avec ce genre de tricot.

On peut faire des bas entiers d'enfant soit en

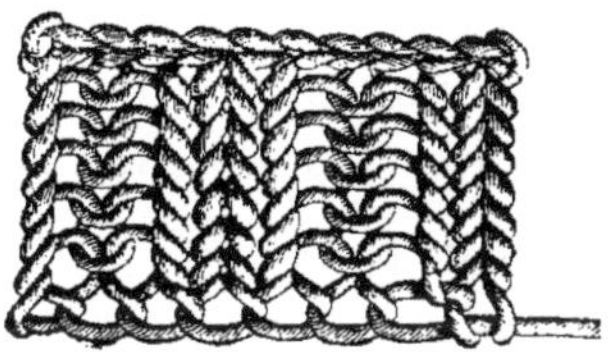

Fig. 22.

faisant une maille à l'envers, une à l'endroit; soit deux à l'envers et deux à l'endroit.

MANIÈRE DE TRICOTER UN BAS.

Beaucoup de personnes, sachant d'ailleurs faire le point du tricot, sont embarrassées pour diriger un bas. Nous allons à ce sujet donner quelques conseils qui pourront être de quelque utilité.

Il y a plusieurs manières de tricoter un bas : voici la méthode la plus simple et la plus usitée.

Choisissez du coton à tricoter peu tordu et du nº 20 par exemple. Prenez trois aiguilles en acier nº 4. Formez sur chacune cinquante mailles sauf sur l'aiguille du milieu qui doit en avoir cinquante et une. Prenez une quatrième aiguille et tricotez le premier tour en faisant une maille à l'endroit et une à l'envers alternativement ou deux mailles à l'endroit et deux à l'envers. Faites ainsi cinquante tours pour former la chaîne ou le bord du bas. — Tricotez ensuite toutes les mailles à l'endroit sauf la vingt-sixième de l'aiguille du milieu qui doit toujours être à l'envers.

Tricotez ainsi régulièrement une longueur de 88 centimètres en comptant le bord. Commencez alors les diminutions, c'est-à-dire faites deux mailles ensemble avant le point à l'envers : prenez après ce point une maille sans tricoter, tricotez la suivante et faites passer dessus la maille qui n'a pas été tricotée. Recommencez ces deux mêmes diminutions tous les cinq tours jusqu'à ce qu'il n'y ait plus que cent mailles, c'est-à-dire les deux tiers de celles qu'il y avait au commencement.

Faites à peu près 15 centimètres sans aucune diminution; la jambe du bas est alors terminée.

Partagez sur quatre aiguilles les mailles qui restent : mettez-en sur les aiguilles attenantes à la maille à l'envers quatre de plus qu'à celles du milieu : la partie destinée au talon, devant donner un tricot plus large que celle qui formera le dessus du pied. Tricotez les deux aiguilles sur lesquelles ont été faites les diminutions, une fois à l'envers, l'autre à l'endroit, en allant et revenant sans tricoter les deux autres, jusqu'à ce que la pièce ait une longueur à peu près de 9 centimètres. Faites ensuite aux aiguilles à l'endroit une diminution de chaque côté du point à l'envers; renouvelez cette diminution pendant les six aiguilles suivantes toujours à l'endroit.

Pour fermer le talon, arrêtez votre tricot à la dernière maille de la première aiguille, tournez vos deux aiguilles à l'envers et parallèlement de manière à les mettre côte à côte et à pouvoir les tricoter en même temps. Prenez la troisième aiguille, faites couler dessus le point à l'envers, tricotez ensemble la première maille qui se trouve de chaque côté du point à l'envers, comme vous prendriez une diminution, surjetez la première maille que vous avez prise sur la seconde. Recommencez à prendre ensemble une autre maille de chaque aiguille, surjetez et continuez jusqu'à ce qu'il ne reste que la maille de la troisième aiguille, que vous conservez.

Prenez sur cette aiguille toutes les mailles qui forment la côte du côté gauche du talon, en les tricotant pour remplir votre aiguille et faisant une augmentation toutes les quatre mailles relevées. Faites les deux aiguilles qui avaient été laissées au commencement du talon, relevez avec l'aiguille supplémentaire l'autre côté du talon n'oubliant pas les augmentations; faites ensuite le tour en tricotant. Si vous voulez tricoter encore avec quatre aiguilles seulement, mettez les mailles des deux du milieu sur une seule. Tous les trois tours diminuez à la fin de la première aiguille qui a relevé la côte et au commencement de la seconde, laissant les deux du milieu que vous pouvez mettre sur une même aiguille, sans diminution ni augmentation. Cessez les diminutions lorsque le tour du pied n'aura plus que le même nombre de mailles que vous aviez en commençant le talon.

Après avoir tricoté ainsi à peu près 16 centimètres en mesurant depuis les côtés du talon, recommencez à diminuer pour fermer le bas. Pour cela, prenez deux mailles au commencement et à la fin de chaque aiguille, tous les quatre tours, jusqu'à ce qu'il n'y en ait plus que deux sur chaque aiguille ; alors surjetez les dernières, tirez le fil, et coupez-le à une longueur de 50 centimètres.

Enfilez ce brin avec une grosse aiguille, passez cette aiguille à l'envers, tournez le bas et garnissez la pointe.

Il est bien entendu que nous ne donnons ici que la moyenne de la longueur et de la largeur d'un bas; qu'il faudra diminuer ou augmenter le nombre des mailles et des tours selon la grosseur du brin et la grandeur de la personne.

Vous ferez bien, une fois le bas fini, de garnir le talon en y passant des brins contrariés comme si vous faisiez une reprise sur toile : prenant par exemple sur l'aiguille une maille et en laissant trois au-dessous.

TRICOTS POINT DE RIZ.

Point de riz ordinaire (voy. fig. 23). — Commencez toujours l'aiguille par une maille simple ou

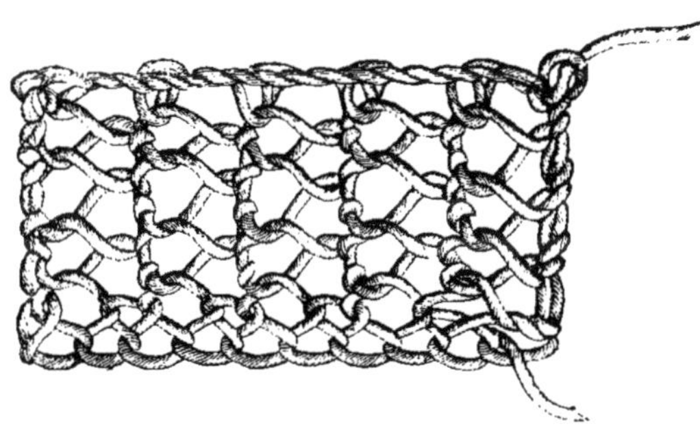

Fig. 23.

passez-la sur l'aiguille droite sans la tricoter : cette maille ne compte jamais pour aucun dessin. Faites une augmentation, une diminution, une augmentation, une diminution et continuez ainsi jusqu'à la fin du point de riz, ou de l'aiguille si vous voulez faire un fond d'ouvrage. Faites la deuxième aiguille à mailles simples, tricotant les augmentations comme les mailles ordinaires. La troisième aiguille est comme la première, la quatrième comme la deuxième, c'est-à-dire les aiguilles de nombre impair avec des augmentations et des diminutions, et les aiguilles de nombre pair tricotées à mailles ordinaires.

Ce genre de tricot est très-usité pour cache-nez, entre-deux, etc.

POINT DE RIZ DOUBLE.

Faites toujours une maille simple pour commencer les aiguilles, une augmentation, une diminution, continuez ainsi en augmentant et en diminuant alternativement. La deuxième aiguille se fait exactement comme la première, augmentant et diminuant toujours alternativement.

Ce point sert ordinairement de cadre aux dentelles ainsi qu'à beaucoup d'autres ouvrages, comme fichus, fanchons, bourses.

Autre point de riz double (voy. fig. 24). — Faites

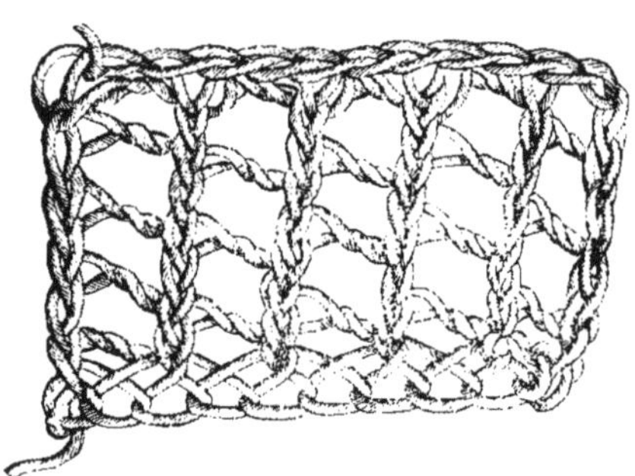

Fig. 24.

1 maille unie, une augmentation, une diminution, une augmentation, une diminution; continuez de même selon la largeur du point de riz ou le fond de l'ouvrage. La deuxième aiguille doit être entièrement tricotée à l'envers, les augmentations

comme des mailles ordinaires, si c'est une bande; mais si l'ouvrage est une bourse ou un bas, il faut recommencer au contraire le tour en tricotant à l'endroit et continuant à faire des augmentations et des diminutions; même observation pour les autres points de riz.

POINT DE RIZ TRIPLE.

Faites 1 maille simple, 1 double augmentation; prenez une maille sans la tricoter, faites une di-

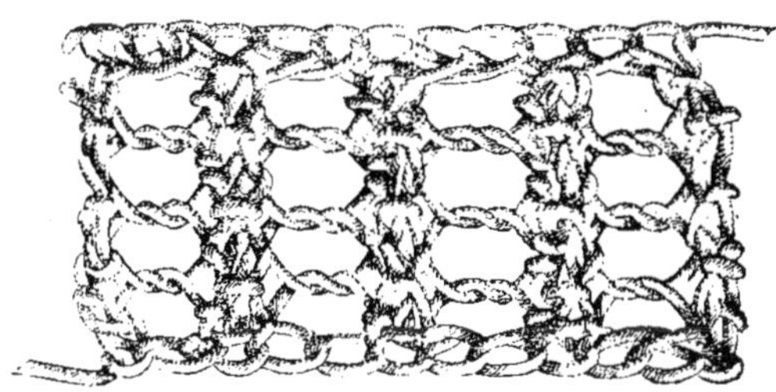

Fig. 25.

minution, jetez sur la diminution la maille qui n'a pas été tricotée, ce qui forme une diminution de 3 mailles. Faites de nouveau une double augmentation, prenez 1 maille sans la tricoter, une diminution, jetez la maille qui n'a pas été tricotée sur la diminution, etc. La 2e aiguille doit être tricotée à l'endroit, sauf la seconde maille de chaque augmentation qui doit être à l'envers. La 3e aiguille comme la 1re. La maille qui n'est pas tricotée doit être la 1re de la double augmentation du rang inférieur (voy. fig. 25). Ce point est très-beau pour bourses de soie cordonnet, jupons de laine, cadre de dentelles, manchettes de laine, etc.

POINT DE TRICOT TUNISIEN.

Tricotez la 1re maille, faites passer la suivante de l'aiguille gauche sur l'aiguille droite sans la tricoter: tricotez la suivante; faites passer l'autre sans tricoter et ainsi de suite jusqu'à la fin de l'ai-

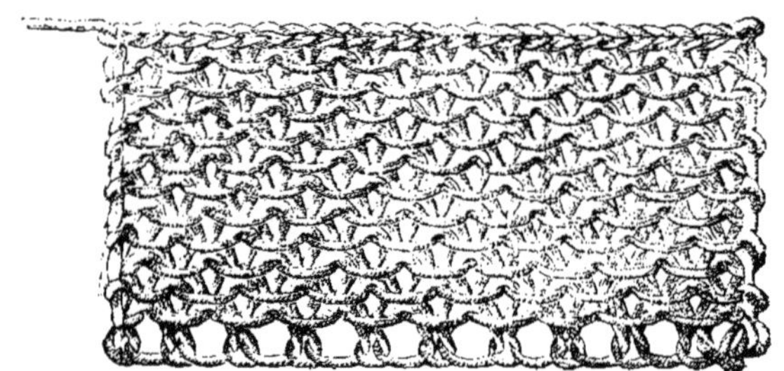

Fig. 26.

guille. Faites la 2e aiguille de même, ayant soin de tricoter les mailles qui ne l'ont pas été à l'aiguille précédente, et de prendre sans les tricoter celles qui l'ont été. Ce point est extrêmement chaud et solide, aussi est-il usité pour gilets et jupons (voy. fig. 26).

DIFFÉRENTS DESSINS DE TRICOT.

Point pour manches, fichus, bottines d'enfant.

1re aiguille : 3 mailles unies, augmentation, diminution, 1 maille unie, faire passer la maille de la diminution sur la maille unie, ce qui formera une diminution de 3 mailles, augmentation, 3 mailles unies, augmentation, diminution de 3 mailles comme la précédente, augmentation, 3 mailles unies ; continuer de même jusqu'à la fin de l'aiguille.

2e aiguille : à l'envers.

3e aiguille : 3 mailles unies, augmentation, 3 mailles unies, augmentation, triple diminution, augmentation, 3 mailles unies, augmentation, triple diminution ; continuer de même de manière que les triples diminutions se trouvent toujours sur les 3 mailles unies de l'aiguille précédente.

4e aiguille : à l'envers.

5e aiguille : comme la 1re,

Point de tricot pour bas.

1er tour : 2 mailles à l'envers, 1 maille unie, augmentation*, diminution, 5 mailles unies, deux à l'envers, une maille unie, augmentation ; continuer ainsi tout le tour du bas.

2e tour uni : conservant toujours les mailles à l'envers et tricotant les augmentations comme des mailles ordinaires

3e tour : 2 mailles à l'envers*[1], 2 mailles unies, augmentation, diminution, 4 mailles unies, 2 à l'envers ; continuer ainsi tout le tour.

4e tour : comme le 2e, et de même tous les tours de nombres pairs.

1. Il faut reprendre toujours à l'astérisque.

5e tour : 2 mailles à l'envers *, 3 unies, augmentation, diminution, 3 mailles unies, 2 à l'envers, etc.

7e tour : 2 mailles à l'envers *, 4 mailles unies, augmentation, diminution, 2 unies, 2 à l'envers.

9e tour : 2 mailles à l'envers *, 5 unies, augmentation, diminution, 1 maille unie, 2 à l'envers, etc.

11e tour : 2 mailles à l'envers *, 6 unies, augmentation, diminution, 2 à l'envers.

13e tour : comme le premier, et recommencer ainsi le petit carré.

Ce genre de tricot ne concerne que les bas de fil d'Écosse blanc ou de soie noire. Il peut convenir aussi à des fonds de pelote, de couvre-pieds : alors l'aiguille impair se ferait à l'envers.

Point pour rideaux, housses, etc.

Mettre sur une longue aiguille en bois ou en acier le nombre de mailles nécessaires pour la largeur de l'ouvrage que l'on entreprend. Pour rideau, le coton doit être moins gros que pour couvre-pieds.

1re aiguille : 3 mailles unies. Ces trois mailles unies commencent l'aiguille, mais ne comptent pas pour le dessin ; l'aiguille sera aussi terminée par 3 unies, 6 diminutions, 1 augmentation, 1 maille unie, double augmentation, c'est-à-dire passer deux fois le fil sur l'aiguille, 1 maille unie, double augmentation, 1 maille unie, 1 augmention, 6 diminutions; continuer ainsi jusqu'à la fin de l'aiguille.

2e aiguille : à l'envers, tricotant les augmentations comme des mailles unies, sauf la première maille des doubles augmentations, qui doit être tricotée à l'endroit.

3e aiguille : comme la première.

Ce point de tricot peut se faire très-vite; on peut garnir ainsi une chambre à coucher, en faisant les rideaux, les voiles de fauteuils, le couvre-pieds, avec le même dessin et le même coton.

DENTELLE TUNISIENNE.

15 *mailles.* — 1re aiguille : 3 mailles unies, augmentation, diminution, 3 unies, augmentation,

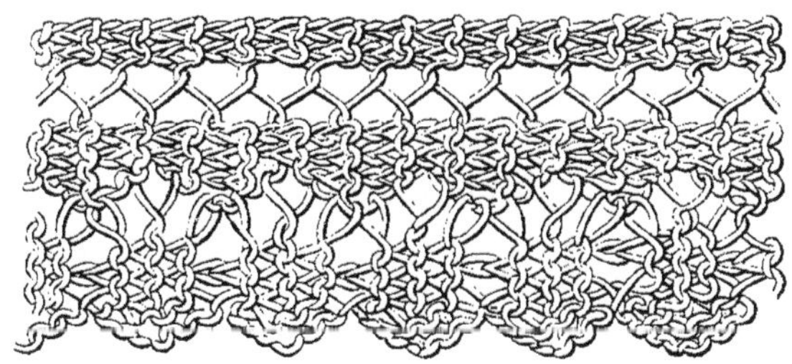

Fig. 27.

1 maille unie, augmentation, 6 mailles unies (voy. fig. 27).

2e aiguille : 6 mailles unies, augmentation, 3 unies, augmentation, diminution, 3 unies, augmentation, diminution, 1 unie.

3e aiguille : 3 mailles unies, augmentation, 2 diminutions, augmentation, 5 unies, augmentation, 6 unies.

4e aiguille : 1 maille sans tricoter sur l'aiguille droite, tricoter ensuite 1 maille, jeter la maille qui n'est pas tricotée sur l'autre; c'est-à-dire faire un jeté et continuer à jeter des mailles jusqu'à ce qu'il n'y en ait plus que 14 sur l'aiguille gauche, ce qui avec la maille de l'aiguille droite donne 15 mailles, 1 maille unie, ce qui fait 2 sur l'aiguille droite, augmentation, diminution, 3 unies, diminution, augmentation, diminution, 1 unie, augmentation, diminution, 1 unie.

5e aiguille : 3 mailles unies, augmentation, diminution, 1 unie, augmentation, diminution, 1 unie, diminution, augmentation, 3 unies.

6e aiguille : 3 mailles unies, augmentation, 1 unie, augmentation, 2 mailles sans tricoter, 1 maille tricotée ; jeter les 2 mailles qui n'ont pas été tricotées sur la maille tricotée, augmentation, 4 unies, augmentation, diminution, 1 maille unie.

DENTELLE COQUILLE.

34 *mailles.* — 1re aiguille : 3 mailles unies, 3 fois augmentation et diminution pour former le point

de riz. 3 mailles unies, augmentation *. 1 maille unie, diminution, double augmentation, diminution. 1 maille unie, diminution, double augmentation, diminution. 1 maille unie, diminution, double augmentation, diminution. 1 maille unie, diminution, double augmentation, diminution. 2 mailles unies (voy. fig. 28).

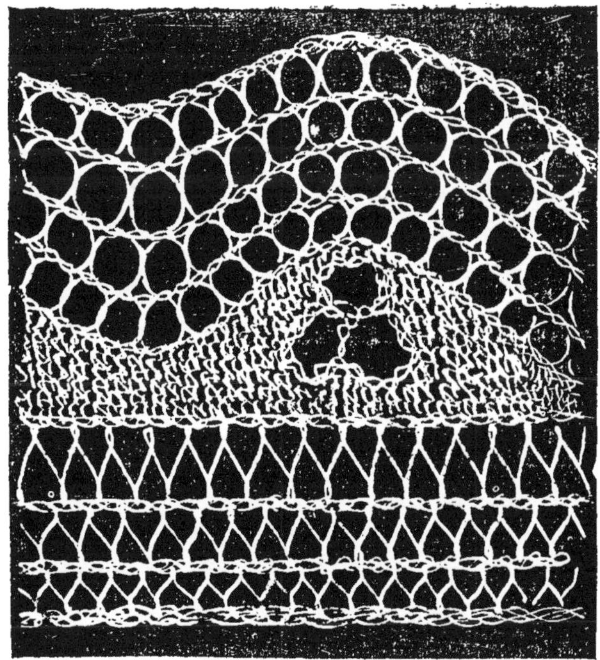

Fig. 28.

2e aiguille : toutes les mailles unies, c'est-à-dire à l'endroit, sauf les secondes de la double augmentation qui doivent toujours être tricotées à l'envers. Les aiguilles de nombre pair seront tricotées de même; lorsqu'il n'y aura pas de double augmentation, elles seront entièrement à l'endroit.

3e aiguille : 3 mailles unies, 3 augmentations et diminutions. 4 mailles unies, augmentation, fin de l'aiguille unie.

5e aiguille : 3 mailles unies, 3 fois augmentation diminution. 5 mailles unies. 1 augmentation, la fin de l'aiguille, comme à la première *.

7e aiguille : 3 mailles unies, 3 augmentations et diminutions. 6 mailles unies, 1 augmentation, fin de l'aiguille unie.

9e aiguille : 3 mailles unies, 3 augmentations et diminutions. 7 mailles unies, 1 augmentation, la fin comme à la première.

11e aiguille : 3 mailles unies, 3 augmentations et diminutions. 8 mailles unies, 1 augmentation, la fin unie.

13e aiguille : 3 mailles unies, 3 augmentations et diminutions. 9 mailles unies, 1 augmentation, la fin comme à la première aiguille.

15e aiguille : 3 mailles unies, 3 augmentations et diminutions. 10 mailles unies, 1 augmentation, la fin unie.

17e aiguille : 3 mailles unies, 3 augmentations et diminutions. 3 mailles unies, diminution, double augmentation, diminution. 4 mailles unies, augmentation, la fin comme à la première.

19e aiguille : 3 mailles unies, 3 augmentations et diminutions. 11 mailles unies, 1 augmentation, la fin unie.

21e aiguille : 3 mailles unies, 3 augmentations et diminutions. 3 mailles unies, diminution, double augmentation, diminution. 1 maille unie, diminution, double augmentation, diminution. 1 maille unie, augmentation, la fin comme à la première.

23e aiguille : entièrement unie, sauf le point de riz. L'aiguille doit alors contenir 45 mailles en comptant toutes les augmentations.

25e aiguille : 3 mailles unies, 3 augmentations et diminutions. 12 mailles unies, diminution. 1 maille unie, fin comme à la première.

27e aiguille : 3 mailles unies, augmentations et diminutions. 11 unies, diminution, fin unie.

29e aiguille : 3 mailles unies, 3 augmentations et diminutions. 10 mailles unies, diminution. 1 maille unie, fin comme à la première.

31e aiguille : 3 mailles unies, 3 augmentations et diminutions. 9 unies, diminution, fin unie.

33e aiguille : 3 mailles unies, 3 augmentations et diminutions. 8 unies, diminution. 1 unie, fin comme la première.

35e aiguille : 3 mailles unies, 3 augmentations et diminutions. 7 mailles unies, diminution, fin unie.

37e aiguille : 3 mailles unies, 3 augmentations et diminutions. 6 mailles unies, diminution. 1 maille unie, fin comme à la première.

39e aiguille : 3 mailles unies, 3 augmentations et diminutions. 5 mailles unies, diminution, fin de l'aiguille unie.

41e aiguille : 3 mailles unies, 3 augmentations et diminutions. 4 mailles unies, diminution. 1 maille unie, fin comme à la première.

43e aiguille : 3 mailles unies, 3 augmentations et diminutions. 3 mailles unies, diminution, fin unie.

45e aiguille : 3 mailles unies, 3 augmentations et diminutions. 2 mailles unies, 1 diminution. 1 maille unie, fin comme la première.

47e aiguille : 3 mailles unies, 3 augmentations et diminutions, fin de l'aiguille unie.

49e aiguille : Comme la première, pour recommencer la dent.

CARRÉ DE TRICOT IMITATION CLUNY.

Ce carré (voy. fig. 29 et 30) est une très-belle imitation de guipure ancienne, et peut être employé pour couvre-pieds, housses de fauteuils. Il sera bien assorti avec des carrés en soie de couleur, ou en toile avec broderie plumetis; il pourra de même former le dessus d'une pelote ou d'un sachet, avec transparent de couleur.

Aiguille de la grosseur qu'il faut pour tricot de laine; fil d'Écosse très-fin. — 66 *mailles.*

1re aiguille : 8 mailles unies, diminution, augmentation, diminution, augmentation, 2 mailles unies, augmentation, diminution, augmentation, diminution. 10 mailles unies, diminution, augmen-

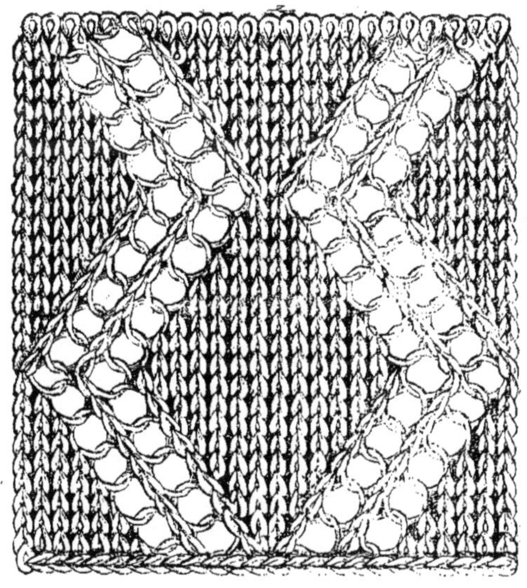

Fig. 29.

tation, diminution, augmentation. 2 mailles unies, augmentation, diminution, augmentation, diminution. 10 mailles unies, diminution, augmentation, diminution, augmentation. 2 mailles unies, augmentation, diminution, augmentation, diminution. 8 mailles unies.

2e aiguille : tricotée à l'envers, les mailles des augmentations comme mailles ordinaires.

3e aiguille : 7 mailles unies, dimiuution, augmentation, diminution, augmentation. 4 mailles unies, augmentation, diminution, augmentation, diminution. 8 mailles unies, diminution, augmen-

Fig. 30.

tation, diminution, augmentation. 4 mailles unies, augmentation, diminution, augmentation, diminution. 8 mailles unies, diminution, augmentation, diminution, augmentation. 4 mailles unies, augmentation, diminution, augmentation, diminution. 7 mailles unies.

4e aiguille : tricotée entièrement à l'envers.

5e aiguille : 6 mailles unies, diminution, augmentation, diminution, augmentation. 6 mailles unies, augmentation, diminution, augmentation, diminution. 6 mailles unies, diminution, augmentation, diminution, augmentation. 6 mailles unies, augmentation, diminution, augmentation, diminution. 6 mailles unies, diminution, augmentation, diminution, augmentation. 6 mailles unies, augmentation, diminution, augmentation, diminution. 6 mailles unies.

6e aiguille : tricotée à l'envers.

7e aiguille : 5 mailles unies, diminution, augmentation, diminution, augmentation, 8 mailles unies, augmentation, diminution, augmentation, diminution. 4 mailles unies, diminution, augmentation, diminution, augmentation. 8 mailles unies, augmentation, diminution, augmentation, diminution, 4 mailles unies, diminution, augmentation, diminution, augmentation. 8 mailles unies, augmentation, diminution, augmentation, diminution. 5 mailles unies.

8e aiguille : tricotée à l'envers.

9e aiguille : 4 mailles unies, diminution, augmentation, diminution, augmentation. 10 mailles unies, augmentation, diminution, augmentation, diminution. 2 mailles unies, diminution, augmentation, diminution, augmentation, 10 mailles unies, augmentation, diminution, augmentation, diminution, 2 mailles unies, diminution, augmentation, diminution, augmentation, 10 mailles unies, augmentation, diminution, augmentation, diminution, 4 mailles unies.

10e aiguille : à l'envers.

11e aiguille : 3 mailles unies, diminution, augmentation, diminution, augmentation, 12 mailles unies, augmentation, diminution, augmentation, 2 diminutions, augmentation, diminution, augmentation, 12 mailles unies, augmentation, diminution, augmentation, 2 diminutions, augmentation, diminution, augmentation, 12 mailles unies, augmentation, diminution, augmentation, diminution, 3 mailles unies.

12e aiguille : à l'envers.

13e aiguille : 4 mailles unies, augmentation, diminution, augmentation, diminution, 10 mailles unies, diminution, augmentation, diminution, augmentation. 2 mailles unies, augmentation, diminution, augmentation, diminution. 10 mailles unies, diminution, augmentation, diminution, augmentation. 2 mailles unies, augmentation, diminution, augmentation, diminution. 10 mailles unies, diminution, augmentation, diminution, augmentation. 4 mailles unies.

14e aiguille : à l'envers.

15e aiguille : 5 mailles unies, augmentation, diminution, augmentation, diminution. 8 mailles unies, diminution, augmentation, diminution, augmentation. 4 mailles unies, augmentation, diminution, augmentation, diminution. 8 mailles unies, diminution, augmentation, diminution, augmentation. 4 mailles unies, augmentation, diminution, augmentation, diminution. 8 mailles unies, diminution, augmentation, diminution, augmentation. 5 mailles unies.

16e aiguille : à l'envers.

17e aiguille : 6 mailles unies, augmentation, diminution, augmentation, diminution. 6 mailles unies, diminution, augmentation, diminution, augmentation. 6 mailles unies, augmentation, diminution, augmentation, diminution. 6 mailles unies, diminution, augmentation, diminution, augmentation. 6 mailles unies, augmentation, diminution, augmentation, diminution. 6 mailles unies, diminution, augmentation, diminution, augmentation. 6 mailles unies.

18e aiguille : à l'envers.

19e aiguille : 7 mailles unies, augmentation, diminution, augmentation, diminution. 4 mailles unies, diminution, augmentation, diminution, augmentation. 8 mailles unies, augmentation, diminution, augmentation, diminution. 4 mailles unies, diminution, augmentation, diminution, augmentation. 8 mailles unies, augmentation, diminution, augmentation, diminution. 4 mailles unies, diminution, augmentation, diminution, augmentation. 7 mailles unies.

20e aiguille : à l'envers.

21e aiguille : 8 mailles unies, augmentation, diminution, augmentation, diminution. 2 mailles unies, diminution, augmentation, diminution, augmentation. 10 mailles unies, augmentation, diminution, augmentation, diminution. 2 mailles unies, diminution, augmentation, diminution, augmentation. 10 mailles, augmentation, diminution, augmentation, diminution. 2 mailles unies, diminution, augmentation, diminution, augmentation. 8 mailles unies.

22e aiguille : à l'envers.

23e aiguille : 9 mailles unies, augmentation, diminution, augmentation, 2 diminutions, augmentation, diminution, augmentation. 12 mailles unies, augmentation, diminution, augmentation. 2 diminutions, augmentation, diminution, augmentation. 12 mailles unies, augmentation, diminution, augmentation, 2 diminutions, augmentation, diminution, augmentation. 12 mailles unies, augmentation, diminution, augmentation, 2 diminutions, augmentation, diminution, augmentation. 9 mailles unies.

24e aiguille : à l'envers.

25e aiguille : recommencer comme à la première

aiguille et continuer de même. On pourra faire sur les petits carrés épais, un ou plusieurs pois en broderies plumetis (voy. fig. 30).

DENTELLE BELGE.

11 *mailles*. — 1re aiguille. — 3 mailles unies, 1 augmentation, 1 diminution, 1 maille unie, double augmentation, diminution, double augmentation, diminution, 1 maille unie.

2e aiguille. — 3 mailles unies, 1 à l'envers, 2 mailles unies, 1 à l'envers, 3 mailles unies, 1 augmentation, 1 diminution, 1 maille unie.

3e aiguille. — 3 mailles unies, augmentation, diminution, 3 mailles unies, double augmentation, 1 diminution, double augmentation, diminution, 1 maille unie.

4e aiguille. — 3 mailles unies, 1 à l'envers, 2 mailles unies, 1 à l'envers, 5 mailles unies, augmentation, diminution, 1 maille unie.

5e aiguille. — 3 mailles unies, augmentation, diminution, 5 mailles unies, double augmentation, diminution, double augmentation, diminution, 1 maille unie.

6e aiguille. — 3 mailles unies, 1 à l'envers, 2 mailles unies, 1 à l'envers, 7 mailles unies, 1 augmentation, diminution, 1 maille unie.

7e aiguille. — 3 mailles unies, augmentation, diminution, 12 mailles unies.

8 aiguille. — Surjeter, 6 mailles, 7 mailles unies, augmentation, diminution, 1 maille unie.

DENTELLE NORMANDE.

14 *mailles*. — 1re aiguille : 4 mailles unies, augmentation, diminution, 2 mailles unies, double augmentation, diminution, 1 maille unie, double augmentation, diminution, 1 maille unie (voy. fig. 31).

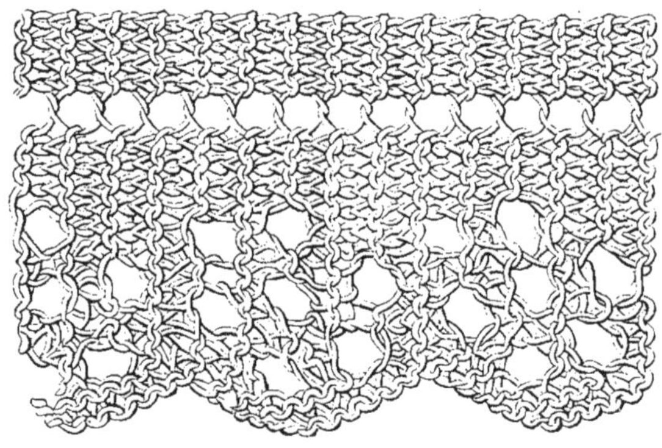

Fig. 31.

2e aiguille : 3 mailles à l'endroit, 1 à l'envers qui doit être la seconde de la double augmentation, 3 mailles à l'endroit, 1 à l'envers, toujours la seconde de la double augmentation, la fin à l'endroit, tricotant l'augmentation comme une maille ordinaire.

3e aiguille : 4 mailles unies, augmentation, diminution, la fin de l'aiguille à l'endroit.

4ᵉ aiguille : à l'endroit.

5ᵉ aiguille : 4 mailles unies, augmentation, diminution, 1 maille unie, double augmentation, diminution, 1 maille unie, double augmentation, diminution, 1 maille unie, double augmentation, diminution, 1 maille unie.

6ᵉ aiguille : à l'endroit, sauf les secondes mailles des doubles augmentations qui devront être tricotées à l'envers.

7ᵉ aiguille : 4 mailles unies, augmentation, diminution, la fin de l'aiguille unie.

8ᵉ aiguille. — A l'endroit.

9ᵉ aiguille : 4 mailles unies, augmentation, diminution, 5 mailles unies, double augmentation, diminution, 1 maille unie, double augmentation, diminution, 1 maille unie, diminution.

10ᵉ aiguille. — A l'endroit, sauf la seconde maille de la double augmentation qui doit être à l'envers.

11ᵉ aiguille : 4 mailles unies, augmentation diminution, la fin unie jusqu'aux 2 dernières qui doivent former une diminution.

12ᵉ aiguille : 2 mailles à l'endroit, faire passer la 2ᵉ sur la 1ʳᵉ pour former un jeté et continuer ainsi jusqu'à ce qu'il n'y ait plus que 13 mailles sur l'aiguille gauche, tricoter ces 13 mailles à l'endroit, ce qui fait en tout 14 mailles.

DENTELLE A JOUR.

7 *mailles*. — 1re aiguille : 3 mailles unies, augmentation, diminution, double augmentation, 2 mailles unies.

2e aiguille : 3 mailles unies, une à l'envers, 2 mailles unies, augmentation, diminution, 1 maille unie.

3e aiguille : 3 mailles unies, augmentation, diminution, 4 mailles unies.

4e aiguille : surjeter 2 mailles, 3 mailles unies, augmentation, diminution, 1 maille unie.

DENTELLE D'ALENÇON.

10 *mailles*. — 1re aiguille : 3 mailles unies, augmentation, diminution, double augmentation, diminution, double augmentation, diminution, 1 maille unie.

2e aiguille : former une maille sur l'aiguille droite, tricoter 3 mailles unies, 1 à l'envers, 2 mailles unies, 1 à l'envers, 2 mailles unies, 1 augmentation 1 diminution, 1 maille unie.

3e aiguille : 3 mailles unies, augmentation, diminution, 8 mailles unies.

4e aiguille : surjeter 3 mailles, 6 mailles unies, augmentation, diminution, 1 maille unie.

DENTELLE ALLEMANDE.

31 *mailles.* — 1re aiguille : 3 mailles unies, augmentation, 3 unies, augmentation, diminution,

Fig. 32.

1 maille unie, augmentation, diminution, 1 maille unie, diminution, augmentation, 1 maille unie,

diminution, augmentation, 3 mailles unies, augmentation, diminution, 4 mailles unies, diminution, augmentation, 3 mailles unies.

2e aiguille. — A l'endroit.

3e aiguille : 3 mailles unies, augmentation, 5 unies, augmentation, diminution, 1 unie, augmentation, 1 maille sans tricoter, diminution, faire passer dessus la maille non tricotée, augmentation, 1 unie, diminution, augmentation, 5 unies, augmentation, diminution, 3 unies, diminution, augmentation, 3 unies.

4e aiguille. — A l'endroit.

5e aiguille : 3 mailles unies, augmentation, 1 maille unie, diminution, augmentation, 1 unie, augmentation, diminution, 1 unie, augmentation, diminution, 3 unies, diminution, augmentation, 1 unie, diminution, augmentation, 1 unie, augmentation, diminution, 1 unie, augmentation, diminution, 2 unies, diminution, augmentation, 3 unies.

6e aiguille. — A l'endroit.

7e aiguille : 3 mailles unies, augmentation, 1 unie, diminution, augmentation, 3 unies, augmentation, diminution, 1 unie, augmentation, diminution, 1 unie, diminution, augmentation, 1 unie, diminution, augmentation, 3 unies, augmentation, diminution, 1 unie, augmentation, diminution, 1 unie, diminution, augmentation, 3 unies.

8e aiguille. — A l'endroit.

9e aiguille : 3 mailles unies, augmentation, 1 unie, diminution, augmentation, 5 unies, augmentation, diminution, 1 unie, augmentation, 1 maille sans tricoter, diminution, passer dessus la maille qui n'est pas tricotée, augmentation, 1 unie, diminution, augmentation, 5 mailles unies, augmentation, diminution, 1 unie, augmentation, 2 diminutions, augmentation, 3 unies.

10e aiguille. — A l'endroit.

11e aiguille : 3 mailles unies, augmentation, 2 diminutions, augmentation, 4 unies, diminution, augmentation, diminution, 1 unie, augmentation, 1 unie, augmentation, 2 diminutions, augmentation, 4 unies, diminution, augmentation, diminution, 1 unie, augmentation, 1 unie, diminution, augmentation, 3 unies.

12e aiguille. — A l'endroit.

13e aiguille : 4 mailles unies, augmentation, diminution, 1 unie, augmentation, diminution, 1 unie, diminution, augmentation, 1 unie, diminution, augmentation, 3 unies, augmentation, diminution, 1 unie, augmentation, diminution, 1 unie, diminution, augmentation, 1 unie, diminution, augmentation, 2 unies, diminution, augmentation, 3 unies.

14e aiguille. — A l'endroit.

15e aiguille : 5 mailles unies, augmentation, diminution, 1 unie, augmentation, 1 maille sans tricoter, diminution, faire passer la maille qui n'a pas été tricotée sur la diminution, augmentation, 1 unie, diminution, augmentation, 5 unies, augmentation, diminution, 1 unie, augmentation, 1 maille sans tricoter, diminution, surjeter la maille qui n'est pas tricotée, augmentation, 1 maille unie, diminution, augmentation, 3 mailles unies, diminution, augmentation, 3 mailles unies

16e aiguille. — A l'endroit.

17e aiguille : 6 mailles unies, augmentation, diminution, 3 unies, diminution, augmentation, 1 unie, diminution, augmentation, 1 unie, augmentation, diminution, 1 unie, augmentation, diminution, 3 unies, diminution, augmentation, 4 unies, diminution, augmentation, 3 unies.

18e aiguille. — A l'endroit.

19e aiguille : 7 mailles unies, augmentation, diminution, 1 unie, diminution, augmentation, 1 unie, diminution, augmentation, 3 unies, augmentation, diminution, 1 unie, augmentation, diminution, 1 unie, diminution, augmentation. 5 unies, diminution, augmentation, 3 unies.

20e aiguille. — A l'endroit.

21e aiguille : 8 mailles unies, augmentation, 1 maille sans tricoter, diminution, surjeter la maille qui n'est pas tricotée, augmentation, 1 unie, diminution, augmentation, 5 unies, augmentation, diminution, 1 unie, augmentation, 1 maille sans tricoter, diminution, surjeter la maille qui n'est pas tricotée, augmentation, 6 unies, diminution, augmentation, 3 unies.

22e aiguille. — A l'endroit.

23e aiguille : surjeter 6 mailles, 2 unies, augmentation, 1 unie, augmentation, 2 diminutions augmentation, 4 unies, diminution, augmentation, 1 unie, diminution, augmentation, 1 unie, augmentation, diminution, 5 unies, diminution, augmentation, 3 unies. Il doit y avoir 31 mailles sur l'aiguille.

24e aiguille. — A l'endroit.

25e aiguille. — Reprendre comme à la première. Cette dentelle est extrêmement belle et fait très-bien autour d'un fichu, ou tricotée en laine noire, au bas d'une jupe de couleur claire. On peut aussi en garnir une confection.

ENTRE-DEUX POUR JUPON, PANTALON, ETC.

Coton fil d'écosse, n° 100; aiguilles, n° 4. — 14 *mailles.*

1re aiguille : 1 maille unie, diminution, augmentation. 2 mailles unies, diminution, augmentation. 2 mailles unies, diminution, augmentation. 3 mailles unies. — Faire 14 aiguilles exactement de la même manière.

15e aiguille : 1 maille unie, diminution, augmentation. 1 maille unie. — Prendre une autre aiguille ou une épingle, faire couler dessus trois mailles de l'aiguille gauche, sans les tricoter, les conserver ainsi jusqu'à l'aiguille suivante, reprendre l'aiguille droite, faire 2 mailles unies, diminution, augmentation. 3 mailles unies.

16e aiguille : 1 maille unie, diminution, augmentation. 2 mailles unies, la première sur l'aiguille ordinaire, la seconde sur l'aiguille qui porte les 3 mailles séparées, prendre les 2 autres à la fois pour former une diminution, augmentation. 2 mailles unies sur l'aiguille ordinaire, diminution, augmentation. 3 mailles unies.

17e aiguille : Comme la première. Séparer les 3 mailles à peu près toutes les 14 aiguilles, ayant soin de choisir ces 3 mailles, toujours du même côté du tricot.

DENTELLE A DENTS.

17 *mailles*. — 1re aiguille : 1 maille unie, diminution, double augmentation, 2 diminutions, double augmentation, diminution, augmentation, diminution, 1 maille unie, double augmentation, diminution, double augmentation, diminution, 1 maille unie (voy. fig. 33).

2e aiguille : 3 mailles unies, 1 à l'envers qui est la seconde de la double augmentation, 2 mailles unies, 1 à l'envers. 5 unies, 1 à l'envers, 3 unies, 1 à l'envers, 2 unies.

3e aiguille : 1 maille unie, diminution, double

augmentation, 2 diminutions, double augmentation, diminution, augmentation, diminution, 3 mailles unies, double augmentation, diminution, double augmentation, diminution, 1 maille unie.

4e aiguille : Tricotée à l'endroit sauf la seconde maille de la double augmentation qu'il faudra toujours tricoter à l'envers.

5e aiguille : 1 maille unie, diminution, double

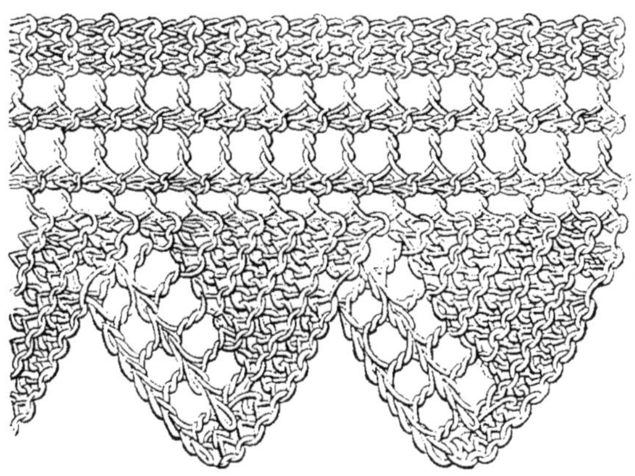

Fig. 33.

augmentation, 2 diminutions, double augmentation, diminution, augmentation, diminution, 5 mailles unies, double augmentation, diminution, double augmentation, diminution, 1 maille unie.

6e aiguille : Comme la 4e.

7e aiguille : 1 maille unie, diminution, double augmentation, 2 diminutions, double augmentation, diminution, augmentation, diminution,

7 mailles unies, double augmentation, diminution, double augmention, diminution, 1 maille unie.

8e aiguille : Comme la 4e.

9e aiguille : 1 maille unie, une diminution, double augmentation, 2 diminutions, double augmentation, diminution, augmentation, diminution, 9 mailles unies, double augmentation, diminution, double augmentation, diminution, 1 maille unie.

10e aiguille : Comme la 4e.

11e aiguille : 1 maille unie, diminution, double augmentation, 2 diminution, double augmentation, diminution, augmentation, diminution, la fin unie.

12e aiguille : Comme la 4e.

13e aiguille : 1 maille unie, diminution, double augmentation, 2 diminutions, double augmentation, diminution, augmentation, diminution, la fin de l'aiguille unie.

14e aiguille : 2 mailles unies, faire passer la première sur la deuxième, et continuer ainsi jusqu'à ce qu'il n'y ait plus que 16 mailles sur l'aiguille gauche, ce qui avec celle de la droite doit faire 17, la fin unie.

15e aiguille : Comme la 1re.

DENTELLE NAINE.

Coton no 100, aiguilles dont on se sert pour tricoter les bas de coton. — 16 *mailles.*

1re aiguille : 2 mailles unies, augmentation,

diminution, augmentation, diminution, 3 mailles unies, double augmentation, diminution, double augmention, diminution, double augmentation, diminution. 1 maille unie.

2e aiguille : 3 mailles unies, 1 à l'envers qui doit être la seconde de la double augmentation, 2 mailles unies, 1 à l'envers, 2 mailles unies, 1 à l'envers; la fin de l'aiguille unie, même les mailles des augmentations.

3e aiguille : 2 mailles unies, augmentation, diminution, augmentation, diminution, la fin de l'aiguille unie.

4e aiguille : 2 mailles tricotées, faire passer la 1re sur la 2e, 1 maille tricotée, faire encore passer la 1re sur la 2e, et la 2e sur la 3e, ce qui forme 3 jetés ou diminutions; il n'y a plus qu'une maille sur l'aiguille droite, et 15 sur la gauche. Fin de l'aiguille unie.

5e aiguille : Comme la 1re.

Si l'on veut la dentelle plus étroite, on peut se dispenser de faire les points de ris, c'est-à-dire les deux premières augmentations, et commencer l'aiguille qui n'aura alors que 10 mailles par 3 mailles unies, double augmentation, diminution, etc. Cette largeur convient surtout pour garniture de camisole, bas de pantalon, etc.

ROND POUR COUVRE-PIEDS.

Coton dont on se sert pour tricoter les bas, ou fil d'Écosse si l'on veut mettre un transparent de couleur.

Prendre 4 aiguilles, mettre 2 mailles sur chacune et fermer le tour comme si l'on commençait un bas.

1er tour : A l'endroit et uni.

2e tour : Augmentation en passant le fil sur l'aiguille de la main droite, 1 maille unie, augmentation, 1 maille unie, faire de même aux trois autres aiguilles, ce qui fait 4 mailles sur chacune. — 3e tour uni ; les augmentations se font comme des mailles ordinaires.

4e tour : Augmentation, 2 mailles unies, augmentation, 2 mailles unies ; les trois autres aiguilles sont toujours pareilles à celles que nous expliquons. — 5e tour, uni.

6e tour : Augmentation, 3 mailles unies, augmentation, 3 mailles unies. — 7e tour, uni.

8e tour : Augmentation, 4 mailles unies, augmentation, 4 mailles unies. — 9e tour, uni.

10e tour : Augmentation, 5 mailles unies, augmentation, 5 mailles unies. — 11e tour, uni.

12e tour : Augmentation, 6 mailles unies, augmentation, 6 mailles unies. — 13e tour, uni.

14e tour : Augmentation, 7 mailles unies, augmentation, 7 mailles unies. — 15e tour, uni.

16e tour : Augmentation, 8 mailles unies, augmentation, 8 mailles unies. — 17e tour, uni.

18e tour : Augmentation, 9 mailles unies, augmentation, 9 mailles unies. — 19e tour, uni.

20e tour : Augmentation, 10 mailles unies, augmentation, 10 mailles unies. — 21e tour, uni.

22e tour : Augmentation, 11 mailles unies, augmentation, 11 mailles unies. — 23e tour, uni.

24e tour : Augmentation, 12 mailles unies, augmentation, 12 mailles unies. — 25e tour, uni.

26e tour : Augmentation, 13 mailles unies, augmentation, 13 mailles unies. — 27e tour, uni. Il doit y avoir alors 28 mailles sur chaque aiguille, 14 pour chaque feuille épaisse, et les 4 aiguilles doivent former 8 feuilles.

28e tour : Augmentation, 1 maille unie, augmentation, 11 mailles unies, diminution, augmentation, 1 maille unie, augmentation, 11 mailles unies, diminution. — 29e tour, uni.

30e tour : Augmentation, 1 maille sans tricoter, 1 maille tricotée, passer dessus la maille qui n'a pas été tricotée pour former un jeté, augmentation, 1 maille unie, augmentation, 10 mailles unies, diminution, augmentation, 1 maille sans tricoter, 1 maille tricotée, jeter la maille sans être tricotée, augmentation, 1 maille unie, augmentation, 10 mailles unies, diminution. — 31e tour, uni.

32e tour : Augmentation, 1 maille sans tricoter, 1 maille tricotée, jeté, augmentation, 1 maille sans tricoter, 1 maille tricotée, jeté, augmentation, 1 maille tricotée en la retournant, c'est-à-dire passer l'aiguille droite en dedans de la maille et en tricoter le côté qui est au-dessous, augmentation, 9 mailles unies, diminution, augmentation, 1 maille sans tricoter, 1 maille tricotée, jeté, augmentation, 1 maille sans tricoter, 1 maille tricotée, jeté, augmentation, 9 mailles unies, diminution.

32e tour : Uni.

34e tour : Augmentation, 1 maille sans tricoter, 1 maille tricotée, jeté, augmentation, 1 maille sans tricoter, une maille tricotée, jeté, augmentation, 1 maille sans tricoter, 1 maille tricotée, jeté, augmentation, 1 maille retournée, augmentation, 8 mailles unies, diminution, augmentation, 1 maille sans tricoter, 1 maille tricotée, jeté, augmentation, 1 maille sans tricoter, 1 maille tricotée, jeté augmentation, 1 maille sans tricoter, 1 maille tricotée, jeté, augmentation, 1 maille retournée, augmentation, 8 mailles unies, diminution.

Continuer ainsi jusqu'à ce qu'il n'y ait plus sur les aiguilles que des augmentations et des diminutions, et que la feuille épaisse soit réduite à une maille.

Chaque aiguille d'augmentations et de jetés doit toujours augmenter de 2 mailles jusqu'à la fin des feuilles.

Faire 5 tours à l'envers et fermer le rond par une rangée de jetés, comme un talon de bas. Ce rond forme 8 petits côtés égaux.

PETIT CARRÉ DU ROND.

Quatre aiguilles. — 24 mailles sur chacune.

1er tour : Uni, à l'endroit.

2e tour : A l'envers, diminuer au commencement et à la fin de chaque aiguille.

3e tour : A l'envers sans diminution.

4e tour A l'envers et diminution comme au 2e tour.

5e tour : Comme le 3e, c'est-à-dire sans diminution.

6e tour : A l'endroit et diminuer au commencement et à la fin de chaque aiguille.

7e tour : A l'endroit sans diminution.

8e tour : A l'endroit, diminuer au commencement et à la fin de chaque aiguille.

9e tour : A l'endroit sans diminution.

10e tour : A l'envers, diminution au commencement et à la fin de chaque aiguille.

Continuer ainsi en diminuant d'un tour entre autre et en faisant alternativement 4 aiguilles à l'envers et 4 à l'endroit, jusqu'à ce qu'il n'y ait qu'une maille sur les aiguilles; fermer alors le carré.

On fait 4 de ces petits carrés et on les pose autour de l'octogone, en ayant soin de laisser un côté libre tour à tour. Entre chacun des carrés, on posera 3 côtés d'un autre octogone, ce qui formera le couvre-pieds.

Cet ouvrage se fait ordinairement en coton ordinaire, mais flexible, c'est-à-dire peu tordu. Il sera cependant plus riche et plus éclatant en laine de Berlin, carrés et ronds de couleur différente. C'est un beau cadeau de fête ou de jour de l'an.

PETITE BOTTINE D'ENFANT.

Prenez de la laine de Berlin et des aiguilles de grosseur moyenne; mettez 50 mailles et tricotez 20 rangées au tricot ordinaire, ce qui formera un carré long. Prenez ensuite une troisième aiguille sur laquelle vous ferez glisser 12 mailles qui ne doivent pas être tricotées; tricotez les 26 suivantes sur l'aiguille ordinaire; faites glisser les 12 dernières sur une quatrième aiguille ou, si vous le préférez, enfilez-les ainsi que les premières sur un bout de fil. Les 26 du milieu constituent une nouvelle aiguille que vous tricoterez 20 fois pour former un nouveau carré. Fermez le tricot. La bottine est faite. Doublez-la par le milieu, cousez le dessous et le tour avec de la laine et à points plats

Garnissez le haut avec une petite dentelle de laine au tricot ou au crochet. Passez deux petites tresses de laine à la hauteur de la cheville pour serrer plus ou moins la petite bottine qui peut être tricotée avec des laines de nuances différentes. Le bout du pied doit être arrondi en fronçant le point.

AUTRE BOTTINE D'ENFANT.

Nous ne pouvons que donner la moyenne des mailles et des rangées : nous nous en rapportons à nos lectrices pour en augmenter ou en diminuer le nombre, selon la longueur du pied de l'enfant.

Laine blanche de Berlin. — 74 *mailles.*

1re aiguille : 1 maille unie, 1 augmentation, 1 maille sans tricoter, 1 diminution, faire passer sur la diminution la maille qui n'a pas été tricotée, ce qui formera 1 double diminution, 1 augmentation, 3 mailles unies, etc. Recommencer comme à la première augmentation et continuer jusqu'à la fin de l'aiguille, qui doit se terminer par 4 mailles unies.

2e aiguille : A l'envers et tricoter les augmentations comme les mailles ordinaires.

3e aiguille : 4 mailles unies, augmentation, doule diminution, augmentation, 3 mailles unies, reprendre à la première augmentation et continuer jusqu'à la fin de l'aiguille qui doit se terminer par 1 augmentation et 1 maille unie. La double diminution doit toujours comprendre les 3 mailles unies de l'aiguille précédente.

4e aiguille : A l'envers.

5e aiguille : Comme la première.

Tricoter ainsi 30 aiguilles, ce qui formera un carré long ; la dernière rangée doit se trouver à l'envers.

31e aiguille : 2 mailles unies, faire passer la première sur la deuxième, continuer ainsi à jeter les mailles jusqu'à ce qu'il n'y en ait plus que 55 sur l'aiguille de la main gauche, ce qui fera 56 avec celle de l'aiguille droite, commencer par 1 augmentation, double diminution, 1 augmentation, 3 mailles unies et continuer jusqu'à ce que l'aiguille gauche ne renferme que 16 mailles, faire passer l'avant-dernière de l'aiguille droite sur la dernière, tricoter une nouvelle maille, faire toujours passer l'avant-dernière sur la dernière tricotée, continuer jusqu'à la fin de l'aiguille, ce qui forme un surjet de 16 mailles, arrêter le fil et le couper.

Les mailles du milieu forment une nouvelle aiguille qu'il faut tricoter 30 fois en diminuant au commencement et à la fin de chaque aiguille à trois différentes rangées pour former le cou-de-pied, ayant soin de faire les augmentations et les diminutions sur la même ligne, afin de ne pas couper le dessin.

Après avoir tricoté ces 30 aiguilles, la bottine est faite.

Il faut alors la plier par le milieu, coudre le dessus et le dessous jusqu'à la cheville, arrondir le bout en le fronçant, la doubler avec du cachemire ou de la flanelle de couleur éclatante, passer tout le long de la cheville et dans le haut un petit ruban de la même nuance que la doublure, et garnir la bottine avec la petite dentelle dont nous donnons l'explication.

DENTELLE POUR BOTTINES.

12 *mailles.* — 1re aiguille : 3 mailles unies, augmentation, diminution, double augmentation, diminution, 2 mailles unies, double augmentation, diminution, 1 maille unie.

2e aiguille : 3 mailles unies, 1 à l'envers, 4 mailles unies, 1 à l'envers, 2 mailles unies, augmentation, diminution, 1 maille unie.

3e aiguille : 3 mailles unies, augmentation, diminution, 1 maille unie, double augmentation, diminution, 3 mailles unies, double augmentation, 1 diminution, 1 maille unie.

4e aiguille : 3 mailles unies, une à l'envers, 5 mailles unies, 1 à l'envers, 3 mailles unies, 1 augmentation, 1 diminution, 1 maille unie.

5e aiguille : 3 mailles unies, augmentation, diminution, 2 mailles unies, double augmentation, diminution, 4 mailles unies, double augmentation, diminution, 1 maille unie.

6e aiguille : 3 mailles unies, 1 à l'envers, 6 mailles unies, 1 à l'envers, 4 mailles unies, 1 augmentation, 1 diminution, 1 maille unie.

7e aiguille : 3 mailles unies, augmentation, diminution, 3 mailles unies, double augmentation, diminution, 8 mailles unies.

8e aiguille : Surjeter, 7 mailles, 2 mailles unies, 1 à l'envers, 5 mailles unies, augmentation, diminution, 1 maille unie.

FANCHON AU TRICOT.

Prenez des aiguilles en bois et de la laine blanche fine, tricotez un carré de 60 centimètres de côté, avec un des points dont nous avons donné l'explication, spécialement la figure 25. Entourez le tricot d'une large dentelle faite avec la même laine, figure 32 par exemple et garnissez les deux autres côtés d'une dentelle plus étroite et un peu froncée; ces deux côtés formeront le devant de la fanchon dont une pointe se trouvera ainsi au milieu du front entre les deux bandeaux.

Mettez sous cette pointe dont la dentelle doit être froncée, une petite touffe de velours ou de ruban, et placez sur le menton pour croiser les deux autres pointes, une même touffe de velours ou de ruban.

Si la forme fanchon ne convient pas, on pourra poser le carré sur un rond froncé en gros tulle noir, formant le filet. Les brides en ruban ou en velours garnies d'une petite dentelle au tricot, seront nouées sous le menton ou sous le chignon. La dentelle, dans ce cas, ne sera posée qu'après le montage.

Ce bonnet peut aussi être tricoté en fil d'Écosse extrêmement fin.

On peut faire aussi de petits bonnets d'enfant, donnant au tricot la forme que l'on veut donner au bonnet.

TRICOT MOUSSE.

On peut avec le tricot mousse faire de très-jolis ouvrages, tels que : descentes de lit, devants de cheminée, dessous de lampe, etc.

Choisissez des laines de toutes les nuances de vert, depuis le plus clair jusqu'au plus foncé; mêlez avec quelques pelotons de laine couleur feuille morte.

Tricotez des bandes de la longueur du tapis ou du coussin que vous voulez faire; vous vous dirigerez de même pour le nombre de bandes qui formera la largeur. Ces bandes peuvent avoir de

20 à 24 mailles pour tapis, de 16 à 18 pour coussin.

Lorsque vous avez terminé votre tricot, mettez toutes les bandes dans de l'eau que vous faites bouillir à peu près une demi-heure, à petit feu. Sortez-les ensuite, prenez un fer très-chaud et repassez-les immédiatement afin de les sécher, prenant beaucoup de précautions pour ne pas les brûler.

Partagez ces bandes dans toute leur longueur en deux égales parties; effilez chaque côté en soulevant un fil après l'autre du côté qui a été coupé.

Préparez une lustrine verte, doublée d'une étoffe très-raide, ayant la forme de l'ouvrage que vous voulez faire. Cousez dessus vos demi-bandes, assez serrées pour qu'il n'y ait pas d'espace visible sur la lustrine. Bordez le tout avec du large ruban de laine, vert ou bois, et placez dans la mousse plusieurs des petites fleurs de laine que nous allons expliquer.

FLEURS EN LAINE.

LISERON.

Prenez un disque en carton de la grandeur à peu près de celui de la figure 34, entrez votre aiguille

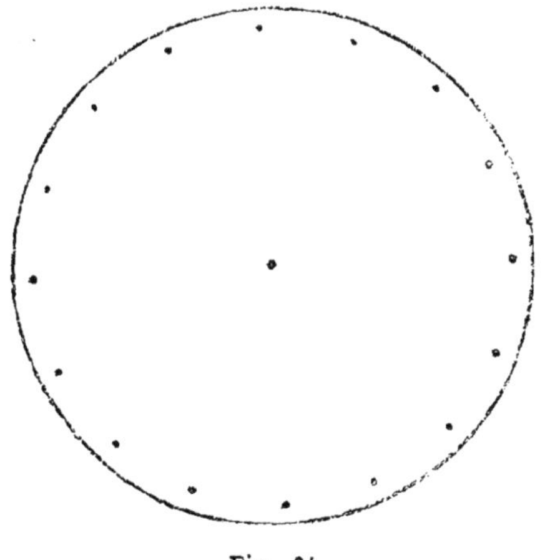

Fig. 34.

enfilée de gros fil, par le point placé au centre, et ressortez par ceux qui bordent le disque, de manière à former une rosace avec ces gros fils.

Prenez ensuite de la laine verte, couvrez ces fils

et tout le carton en allant de gauche à droite, passant l'aiguille en arrière et sous le gros fil, de manière qu'il soit entièrement couvert. Le point s'agrandit de plus en plus (voy. fig. 35).

Lorsque vous aurez fait huit tours avec la laine

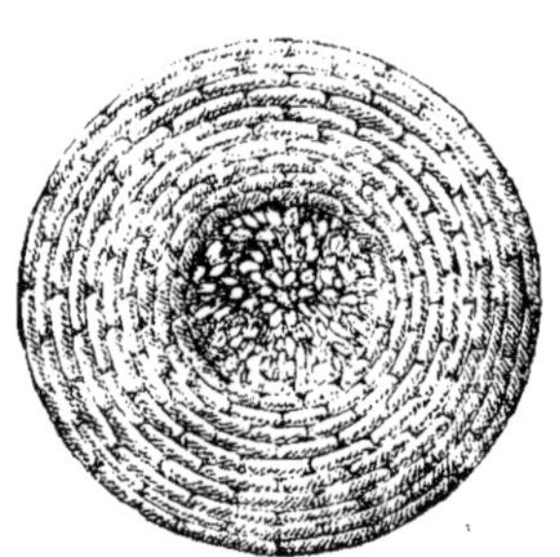

Fig. 35.

verte, prenez-en de la rouge, et faites encore une quinzaine de tours.

Le disque alors est bien formé et couvre aux trois quarts le carton. Coupez avec précaution tous les gros fils, assez loin pour que la laine ne puisse s'échapper, nouez-les de deux en deux très-près de la laine, vous ferez ainsi replier le liseron, et la fleur se trouvera terminée. Passez au milieu un petit pistil jaune.

REINE MARGUERITE.

Cette fleur est d'un très-bel effet dans les tapis de mousse, et dans les vases de cheminée garnis avec des feuilles de houx (voy. fig. 36).

Prenez de la laine Berlin de deux nuances, coupez-la en brins de 12 centimètres. Prenez 50 brins d'une nuance pour faire le fond de la marguerite et 20 de l'autre pour former les rayons. Alignez d'abord les 50 brins, posez au-dessus ceux de nuance différente et au milieu 9 à 10 bouts de laine jaune de 10 centimètres. Joignez tous ces brins au milieu avec un fil de fer très-souple, dou-

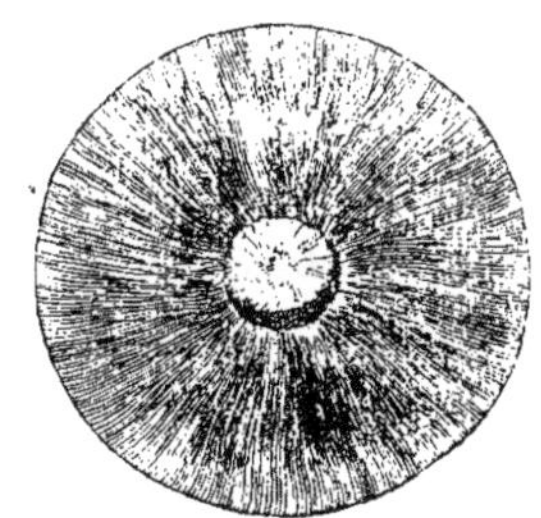

Fig. 36.

blez-les tous dans votre main gauche comme si vous vouliez faire un gland, en tenant votre laiton de la main droite; entourez le haut avec le fil de fer toujours comme pour former un gland, faites 5 à 6 fois le tour et laissez une toute petite tige de laiton, environ un centimètre.

Réunissez bien tous les fils et coupez avec des ciseaux tout le tour de la laine pour régulariser la fleur, de manière que la laine n'ait plus que 4 centimètres de long en partant de la tige.

Lorsque vous aurez égalisé le tour, ouvrez votre

reine-marguerite de manière que les brins jaunes se trouvent au milieu et forment le cœur de la fleur qui doit s'ouvrir alors comme un soleil.

Prenez un petit peigne et peignez la laine jusqu'à ce que les brins soient tellement mélangés qu'on ne les distingue plus les uns des autres.

La fleur est alors terminée et a pris la forme d'une belle reine-marguerite.

Il faut avoir soin de mélanger des nuances qui rappellent ces fleurs : comme violet et blanc, rouge et blanc.

DAHLIA.

Pour la fleur du dalhia (voy. fig. 37), il faut comme pour beaucoup de fleurs de laine, avoir un morceau de bois large d'environ 2 centimètres.

Fig. 37.

Entourez ce bois de laine que vous arrêterez au bas par un fil enlacé. Réunissez 3 ou 4 brins de laine par le haut, avec un fil de soie, pour former chaque pétale, le fil de soie doit être de même couleur que la laine.

Réunissez ces pétales autour d'un pistil et d'une tige jusqu'à ce qu'il y en ait plusieurs rangées et formez ainsi la fleur.

Il faut 5 ou 6 nuances pour bien ombrer le dahlia. L'ombre du cœur commence par la nuance foncée, et chaque tour va en pâlissant jusqu'au bord.

ROSE.

Prenez de la laine de Berlin et un crochet de bois. Faites d'abord 3 rangs unis en demi-brides, commençant par une maille et tournant tout autour afin de former un rond de 0,01 centimètre de de diamètre. Arrivé là, prenez un gros cordon rond, et entourez-le avec les demi-brides, afin de le cacher complétement ; élargissez encore pendant 2 rangs afin que le rond soit à peu près plat ; ensuite faites 5 rangs sans élargir de manière à former une sorte de vase cylindrique; les 5 rangs finis arrêtez et cassez la laine. Ce cylindre doit servir de support aux pétales de la fleur qui le cacheront entièrement (voy. fig. 38).

Pour les pétales prenez un disque de carton de 0,05 centimètres de diamètre, percez-le d'un trou au milieu et tendez sur ce disque 4 fils qui rayonnent tout autour. Prenez alors une aiguillée de laine rose ou blanche; passez votre aiguille par le trou, et retenez le bout de la laine pour qu'elle ne s'échappe pas; passez alors l'aiguille tantôt en dessus tantôt en dessous des fils tendus. Lorsque vous aurez fait une certaine quan-

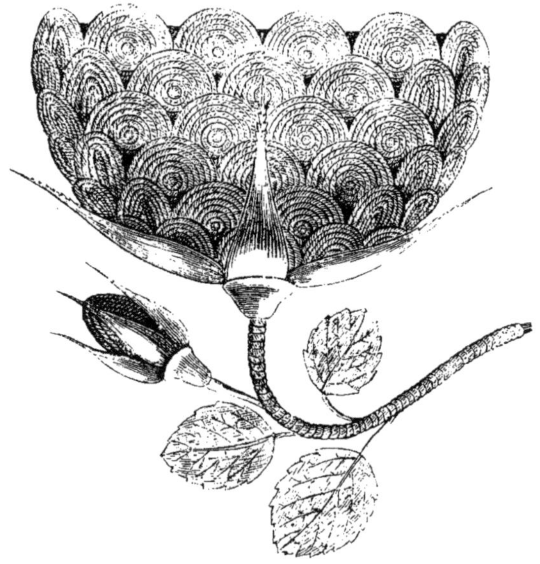

Fig. 38.

tité de tours, coupez ces fils qui doivent être très-fins, prenez-les un à un et passez-les dans l'intérieur de la laine de manière à les cacher. Le pétale est alors terminé. Faites-en ainsi une certaine quantité ayant bien soin de les nuancer comme les pétales d'une rose, c'est-à-dire d'en faire de pâles qui seront placés contre le calice, et de plus foncés pour mettre à la partie supérieure de la fleur. Il s'agit alors de disposer ces pétales sur le moule qui a été préparé et en cordon; commencez par placer ceux du haut, cachez complétement le moule, et une fois arrivé en bas disposez le calice qui doit être collé solidement sur les derniers pétales afin d'y adhérer. Ce calice se trouve dans tous les magasins de fleurs; il est toujours placé sur une tige couverte de feuilles, accompagnée d'un ou de plusieurs boutons composés d'un calice surmonté de sépales, dans lesquels on enferme trois ou quatre pétales que l'on colle à leur base.

Cette rose fait un effet charmant dans un tapis fait avec de la mousse de laine. Elle peut aussi garnir un vase de cheminée, surmonter une lampe pour la couvrir et même être placée de manière à contenir des bagues, des boutons et toutes sortes de petits bijoux.

OUVRAGES DE FANTAISIE.

—

COUVRE-PIED RUSSE.

Voici encore du beau et de l'utile à bon marché.

Ce couvre-pied (voy. fig. 39) peut se faire en étoffe de laine ou en étoffe de soie. En laine il est très-chaud, en soie très-élégant.

Procurez-vous une quantité de vieilles étoffes

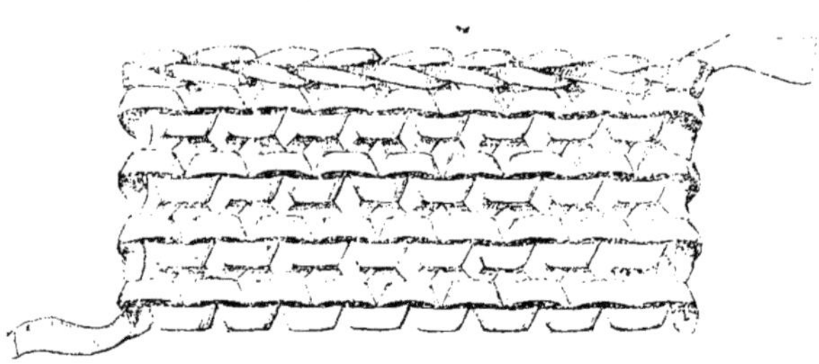

Fig. 39.

même fanées, soit en laine, soit en soie; unies, à dessins, à carreaux, n'importe. Coupez-les en longs rubans, donnez en largeur 1 centimètre au plus; en longueur, au moins 2 ou 3 mètres de la même nuance. Cousez ensemble ces petits rubans et tournez-les en pelotons. Il ne faut pas vous dissimuler qu'il faudra un grand nombre de pelotons pour confectionner un couvre-pied.

Prenez deux aiguilles en fer ou en bois, grosseur nº 9, montez avec le petit ruban 20 mailles, commencez l'aiguille en faisant le tricot ordinaire. Faites toutes les aiguilles de même, et formez ainsi une bande selon la longueur que vous voulez donner à votre couvre-pied. Vous pouvez réunir les petits rubans de manière à donner à la bande soit des nuances distinctes, en forme de raies; soit des couleurs foncées; ou bien encore un dessin sablé, ce qui aura lieu en cousant vos petits rubans indistinctement sans choix de nuances.

Lorsque vous aurez tricoté assez de bandes pour former la largeur que vous désirez donner à l'ouvrage, réunissez-les ensemble au moyen d'un surjet fait avec de la laine ou de gros cordonnet. Bordez le couvre-pied avec un large ruban de soie de la couleur dominante des bandes.

Il est bien entendu qu'on ne doit ni ourler ni replier les petits rubans; il faut les tricoter tels qu'ils sont; les petits fils du bord qui se relèvent sur le tricot, forment mousse, et sont une des beautés de l'ouvrage.

On pourrait aussi faire le même ouvrage en étoffes d'une autre qualité, par exemple toiles de perse, indiennes; mais il faut que le couvre-pied soit entièrement du même genre d'étoffe ; ou tout soie, ou tout laine, ou tout indienne.

PETITE CHAINE POUR MONTRE, MÉDAILLON, etc.

Choisissez des petits anneaux en laiton ou fer de la grandeur de ceux qui forment la figure 40, couvrez ces petits anneaux de cordonnet noir, bleu ou ponceau, avec point de feston ; cousez finement ces œillets l'un à l'autre lorsqu'ils sont recouverts, et formez ainsi une chaîne que vous pouvez rendre très-élégante en intercalant quelques perles

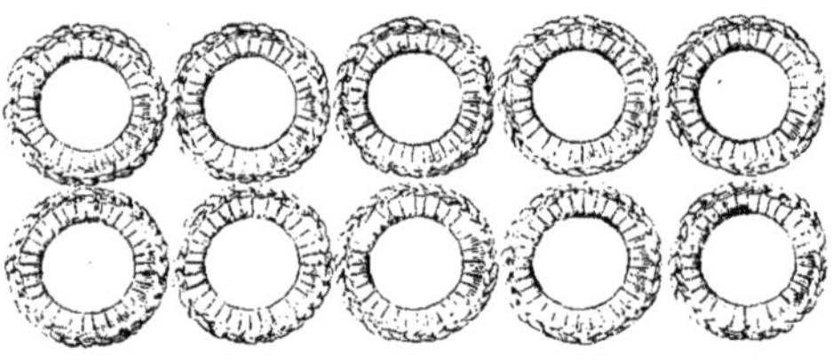

Fig. 40.

dans le feston. Pour montre, ne laissez aucune ouverture.

Pour médaillon vous pouvez en faire une double rangée d'une longueur telle que vous puissiez en laisser tomber en arrière deux bouts de 25 centimètres, que vous réunirez par un petit bouton de la même couleur que le cordonnet.

Le médaillon devra être cousu avec cordonnet de même nuance et très-solidement, bien entendu, à moins que vous ne préfériez l'enlacer entre deux anneaux en faisant la chaîne.

BOUQUET DE VIOLETTES EN RUBAN.

On prend un disque de carton de 6 centimètres de diamètre, comme si l'on voulait faire un large bouton, on le recouvre de ouate afin de le

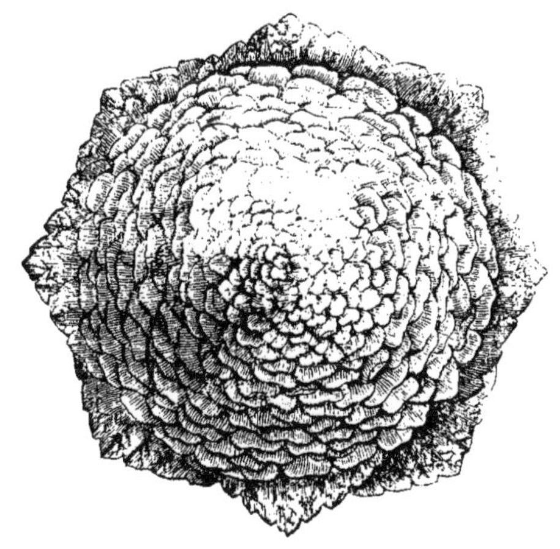

Fig. 41.

bomber, puis on prend un morceau de lustrine foncée, brune ou violette, assez grand pour envelopper complétement le carton et la ouate, et pour froncer en dessous du carton à l'endroit où doit être placée la queue du bouquet. Pour former cette queue on prend un gros fil de fer, on l'introduit dans le carton, on le fait aussi pénétrer dans la ouate, et on le fixe en fronçant la lustrine ; il faut avoir soin de l'attacher solidement, afin qu'il ne se détache pas. Cette partie forme ce que l'on pourrait appeler le moule du bouquet; lorsque ce moule est achevé, on prend de la faveur violette ayant un centimètre de largeur, et on la fronce en faisant alternativemeut trois ou quatre points devant, tantôt d'un côté, tantôt de l'autre du ruban, de manière à former des ondulations. On tire ensuite le fil, le ruban se fronce et on le pose sur le moule que l'on a préparé, en commençant par le milieu, en haut de la partie bombée; on place sur ce moule des rangées serrées du ruban froncé, on les fixe de distance en distance, et on a bien soin que ces rangées soient assez serrées pour cacher complétement la lustrine; lorsqu'on est arrivé à l'endroit où commence le carton, on s'arrête ; il ne faut pas que le ruban aille plus loin, mais s'il a été bien disposé, il doit tout à fait présenter l'apparence d'un bouquet de violettes naturelles. On le termine en l'entourant de feuilles de violettes artificielles dont on cache les tiges à l'aide d'un petit ruban vert qui entoure et cache en même temps la queue du bouquet (voy. fig. 41).

Ces bouquets se mettent dans de petits vases, et afin que leur ressemblance avec la violette soit encore plus complète, on peut verser dessus quelques gouttes d'essence de ces fleurs qui ont un parfum si doux.

ORANGE POUR PELOTE OU POUR VASE.

Prenez de la lustrine jaune, 25 centimètres à peu près. Coupez 6 morceaux en forme ovoïde (œufs), ayant 3 centimètres dans leur grande largeur, 6 dans leur longueur. Laissez une extrémité très-

Fig. 42.

pointue, coupez l'autre un peu carrée, 5 millimètres. Réunissez ces morceaux au moyen d'un surjet, les bouts carrés se trouvant à la même extrémité, de manière à laisser un petit carré vide, l'extrémité des bouts pointus devra aussi avoir un petit espace sans être cousu.

Prenez un brin de fil de fer de 35 centimètres, doublez-le de manière qu'un côté soit long de 15 centimètres, l'autre de 20. Passez ce fil par l'extrémité de la pelote où vous avez laissé un petit espace libre; faites-le ressortir, mais à peine visible de l'autre extrémité, tandis que le petit espace conserve tout le fil de fer pour former la tige ; cousez bien la pelote autour. Par le carré vide, introduisez dedans de la sciure ou du son autant que le petit sac peut en contenir, en pressant beaucoup. Fermez le petit carré vide avec de la ouate et entourez-en le petit bout de fil de fer qui est dehors. La pelote doit avoir alors la forme d'une orange.

Enfilez une aiguille à laine avec du gros fil blanc ou jaune, très-fort; passez cette aiguille entre les deux brins du fil de fer qui est sorti double. Tournez cinq à six fois autour avec l'aiguille et le fil, de manière à arrêter ce fil autour du laiton, ensuite portez l'aiguille sur le laiton qui doit former la tige, de manière qu'une ligne de surjet soit couverte; entourez le laiton deux ou trois fois afin de bien assujettir le fil qui doit être très-tendu ; remontez en couvrant une autre ligne de surjet, tournez en haut autour du fil de fer comme en bas, redescendez sur une autre ligne du surjet jusqu'à ce que les six lignes soient couvertes. Fixez le dernier fil en serrant beaucoup.

Prenez ensuite de la laine jaune pour couvrir l'orange (voy. fig. 42). Arrêtez bien cette laine en faisant deux ou trois fois le tour du laiton double, et passant entre les deux. Cousez ensuite les espaces qui sont entre les fils tendus, en passant l'aiguille enfilée de laine sous le fil de droite à gauche, retournant vers le fil suivant en allant de gauche à droite et repassant le fil sous l'aiguille, ressortant toujours au milieu de l'espace vide pour changer de direction et reprendre sous l'autre laiton.

Continuez ainsi jusqu'à ce que vous ayez recouvert entièrement, et sans laisser le moindre vide, la carcasse de l'orange qui se trouve ainsi terminée, sauf les feuilles et la tige.

Prenez ensuite le brin de fil de fer le plus long et tenez-le droit avec l'autre pour former la tige que vous entourez de laine verte. Lorsque vous avez fait ainsi 3 centimètres, prenez le brin le plus long, formez avec le fil de fer une feuille comme elle est dessinée à la figure 42. Remplissez l'espace vide avec de la laine verte, mais de nuance différente à la tige, en passant avec l'aiguille d'abord sous le laiton de droite à gauche, ressortant au milieu de l'espace vide, reportant l'aiguille de l'autre côté du laiton en passant encore au-dessous et allant de gauche à droite; continuez ainsi jusqu'à ce que le vide soit rempli entre les deux laitons qui doivent conserver la forme d'une feuille.

Reprenez la tige et entourez-la encore de la longueur d'un centimètre, reformez une seconde feuille comme la première, recouvrez encore la tige d'une longueur d'un centimètre, coupez le laiton qui reste, arrêtez solidement la laine et votre branche est terminée.

Cette orange formant une pelote, doit être suspendue auprès d'une glace. Pour garnir un vase elle doit être montée sur une autre tige de 50 centimètres au moins, et peut être placée au milieu de feuilles de houx. Plusieurs caisses garnies ainsi et couvertes de mousse, font une jolie garniture de balcon ou d'escalier.

BAYADÈRE EN COQUILLAGES OU PERLES DE JAIS.

Si cette bayadère s'exécute en jais, il faut prendre de très-petites perles rondes et de grosses taillées.

1er rang : 5 perles rondes, 1 grosse perle, 5 perles rondes, 1 grosse perle.

2e rang : 8 petites perles, passez votre aiguille dans la grosse perle du rang précédent, 17 petites perles, passez encore l'aiguille dans la grosse perle du rang précédent; 17 petites perles, etc.

3e rang : 8 petites perles; passez votre aiguille dans la 9e du rang précédent, 17 petites perles, passez votre aiguille dans la 9e, 17 petites perles, etc.

4e rang : 4 petites perles, passez votre aiguille dans la 9e du rang précédent, 4 petites perles, 1 grosse, 4 petites, passez votre aiguille dans la 9e, etc., faites deux rangs ainsi; au 3e, faites cinq jours et diminuez toujours en formant la pointe jusqu'à ce qu'il ne reste plus qu'une perle qui termine l'écaille. Recommencez alors l'écaille suivante, et ainsi de suite (voy. fig. 43).

Pour faire cette bayadère en coquillages, on

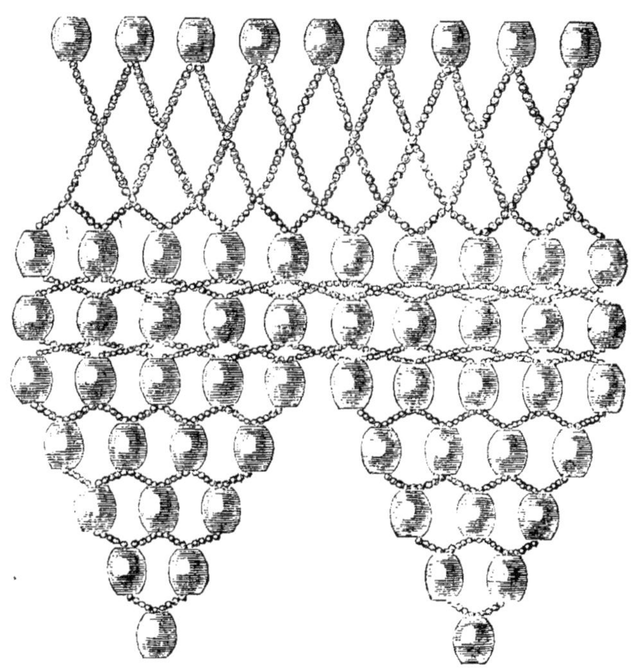

Fig. 43.

prend de petites perles blanches et de jeunes coquilles dépouillées de leur couche calcaire; ces coquilles sont percées de 4 petits trous, 2 en bas, 2 en haut; on garde les mêmes proportions que pour les perles, seulement, au lieu de passer toujours l'aiguille dans le même trou, on la passe d'abord dans les deux supérieurs, puis, lorsque l'on fait le rang suivant, on la passe dans les deux inférieurs. Le dessin est toujours le même.

Pour exécuter le gland ((voy. fig. 44), on fait ab-

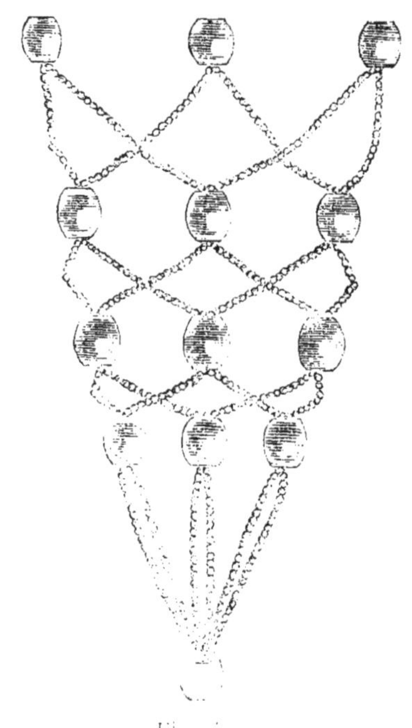

Fig. 44.

solument le même dessin, seulement on ferme les rangs, et, arrivé aux derniers, qui doivent se terminer en pointe, on enfile 20 perles, on en met une grosse, 20 perles encore, on vient prendre dans la perle qui se trouve au milieu de celles du rang précédent, 20 petites perles, 1 grosse, 20 petites perles, on prend au milieu de celles du rang précédent, etc.

Cette bayadère peut servir, soit pour collier, soit pour garniture de filet ; il faut employer du fil assez fort pour que les perles ne le coupent pas.

On peut aussi en faire un tour de par-dessus avec des perles en jais noir, ou une coiffure de soirée si la bayadère est blanche ou en coquillages. Dans ce cas, il vaudrait mieux donner au fond la forme d'un petit fichu.

TAPIS EN SOIE DE COULEUR.

Ce tapis peut se faire en soies de différentes cou-

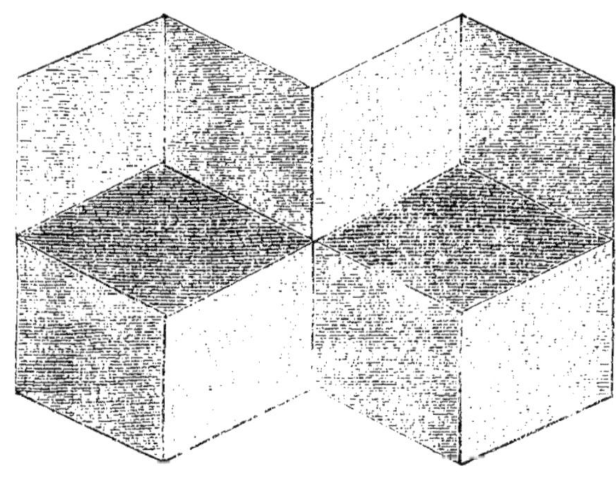

Fig. 45.

leurs ; il sert à utiliser tous les morceaux de rubans que l'on peut avoir, et fait un bel effet, si l'on dispose les couleurs avec goût (voy. fig. 45).

Chaque morceau de soie est coupé sur un modèle en papier qui doit avoir la forme d'un losange; il faut toujours tailler la soie plus grande que le patron, afin de conserver la place pour les coutures. On faufile avec soin les quatre faces sur le modèle, puis on les joint par un surjet, ayant soin de bien harmoniser les couleurs et de former un dessin assez régulier. Pour le cœur, on choisit, par exemple, la couleur la plus foncée et l'on place autour quatre losanges afin de former un dessin aussi régulier que possible, imitant la mosaïque. Ce travail peut aussi être exécuté pour couvre-pieds, pour stores de fenêtres, pour coussin ou dessus de chaise, etc.

TAPIS ARABE.

Voici un ouvrage qui peut encore réaliser le rêve des maîtresses de maison : avoir du beau à bon marché. Ce genre de tapis peut former un rond : alors il sera placé devant les chaises ou les fauteuils; il peut aussi former un carré long et être employé pour descente de lit ou devant de canapé (voy. fig. 46).

Pour la confection du petit tapis rond, prenez d'abord de la toile blanche très-forte ou de la lustrine verte. Coupez un rond en rapport avec la grandeur que vous voulez donner à votre ouvrage, ordinairement 1 mètre de pourtour. Doublez votre lustrine avec une étoffe ayant un peu de support; prenez ensuite des morceaux d'étoffe, en drap ou en laine, de toutes sortes et de toutes couleurs. Les vieilles robes de laine et les vieux habits de drap sont pour cela d'une très-grande utilité. Coupez ces étoffes en petits carrés (voy. fig. 47) ayant 4 centimètres de côté, en forme de

Fig. 46.

fichu, cousez deux côtés ensemble, et laissez les deux autres libres; le carré a disparu, pour faire place à un cornet; tournez ce cornet de manière que la couture soit à l'intérieur (fig. 48), faites-en un grand nombre de toutes nuances, et commencez ainsi le montage.

Pour un tapis rond, cousez le cornet presque au

bord, faites ainsi tout le tour avec la même nuance en couvrant bien l'étoffe; prenez pour une seconde rangée des cornets de nuance différente à ceux de la première, cousez-les encore sur la lustrine, à une

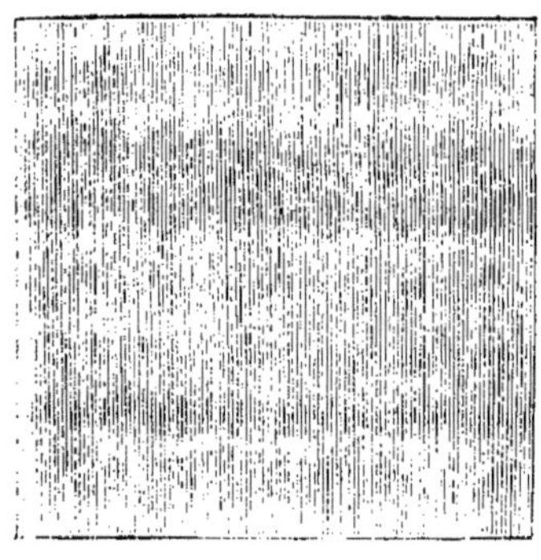

Fig. 77.

distance telle des premiers, qu'ils soient à moitié couverts par les seconds. Le rond se trouvant déjà

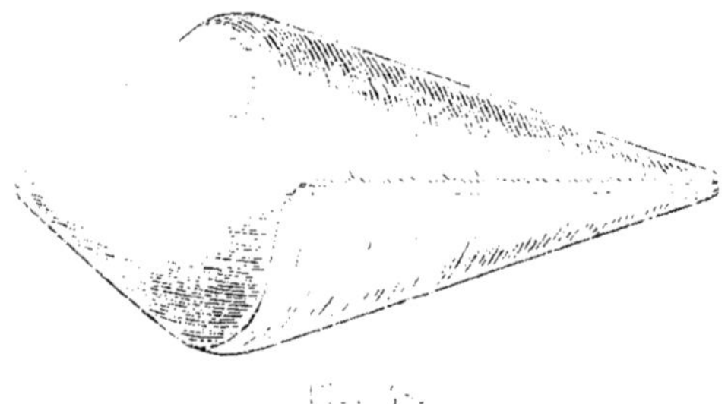

Fig. 78.

plus petit, il faut moins de cornets ; faites la 3e rangée de même et de nuance encore différente, plaçant toujours les cornets de manière à couvrir la première moitié de ceux de la rangée précédente, de manière surtout que la lustrine soit toujours couverte; continuez ainsi en nuançant selon votre goût; il est bien d'entourer une rangée de couleur foncée d'une rangée de couleur éclatante. Les rangées diminuant de plus en plus, se trouvent enfin réduites à 7 à 8 cornets, et tellement serrées, que toutes les pointes se touchent en les cousant. Lorsque vous en êtes là, couvrez un gros bouton avec une étoffe de couleur claire, et placez-le sur les petites pointes inférieures, de manière à les couvrir toutes. Le tapis est alors fini.

Pour le faire en long, c'est-à-dire devant avoir l'usage d'une descente de lit, prenez un carré de lustrine unie de la longueur de votre lit et de la largeur qu'il vous conviendra, doublez-le de grosse toile, placez au bord une rangée de petits cornets, couvrez cette première rangée d'une deuxième, toujours de nuance différente, et bordez la dernière rangée d'un large ruban, afin de couvrir les pointes des petits cornets.

On peut aussi nuancer ces tapis de manière à former de larges raies comme celles de l'arc-en-ciel, par exemple, ou bien des losanges, des zigzags, etc.

TAPIS MAURESQUE.

Préparez un morceau de lustrine en rond ou en carré, selon la forme que vous voulez donner à votre tapis de pied, bordez-le avec un lacet de laine. Coupez un grand nombre de languettes en drap, de nuances différentes, festonnez-en le tour à grands points avec de la laine d'une couleur tranchante avec le drap. Posez une première rangée de languettes sur la toile, de manière que la bordure soit entièrement couverte d'un côté. Placez une seconde rangée de nuance différente, et de manière

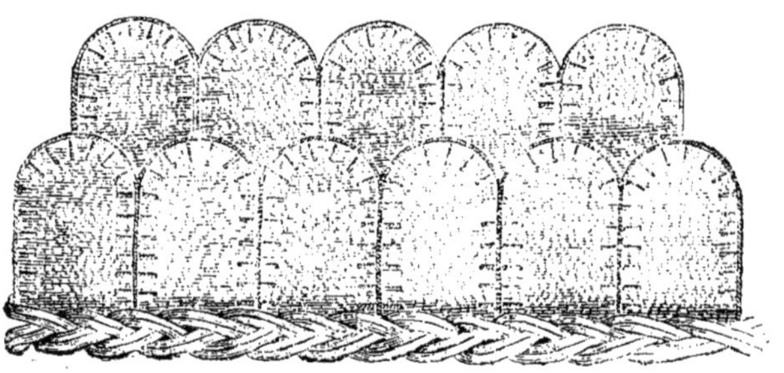

Fig. 49.

re que les morceaux de la première rangée soient à demi couverts par ceux de la seconde. Faites de même toutes les rangées jusqu'à ce que le carré soit entièrement couvert ; placez sur la dernière un galon ou une tresse, pour couvrir l'extrémité des languettes (voy. fig. 49).

On peut aussi former des dessins ou des semés ; alors il faudrait faire ces semés d'une couleur éclatante sur fond noir, poser par exemple 2 petits cornets rouges, un peu plus loin 2 blancs, etc., et pour séparation 10 noirs.

TAPIS NAPOLITAIN.

Préparez des morceaux de drap n'importe de quelle nuance et de quel dessin, coupez-les formant un octogone, c'est-à-dire ayant huit côtés égaux ; entourez-les d'un feston de grosse laine de couleur tranchante ; cousez les octogones les uns avec les autres, de manière à alterner les côtés, c'est-à-dire à laisser toujours un côté à découvert,

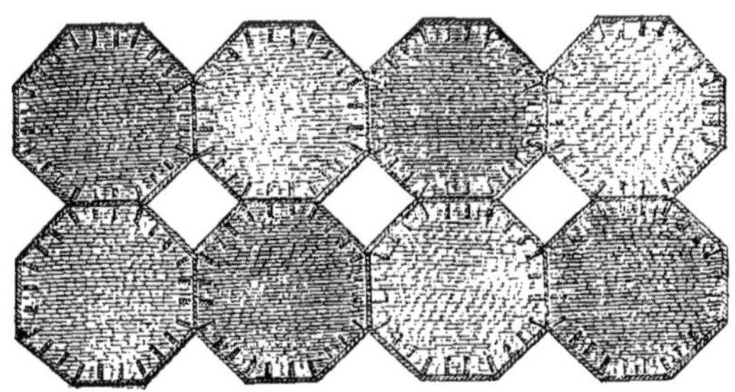

Fig. 50.

et un espace vide formant un jour carré, comme à la figure ci-dessus (voy. fig. 50). Lorque tout le tapis est ainsi cousu, doublez-le avec une lustrine de nuance cerise ou verte, de manière à faire un transparent très-clair, qui garnira les carrés vides. Bordez le tout d'un large ruban de laine. Si c'est un tapis pour guéridon, mettez autour une frange en brins de laine de toutes les couleurs, noués, retenus par de petits nœuds autour de la bordure.

STORES MOYEN AGE.

Découpez de petits morceaux de carton en forme sexagone, c'est-à-dire ayant six côtés égaux (fig. 51), prenez-en d'abord sept, coupez un morceau de soie de couleur éclatante, orange par exemple, de la même forme que le carton, mais d'un tiers

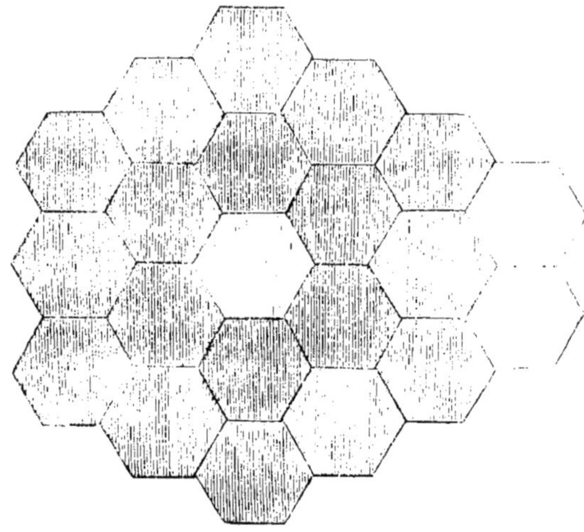

Fig. 51.

plus grand, couvrez le patron avec cette soie en joignant, à l'envers, avec de grands points les deux côtés parallèles; faites de même pour les deux autres côtés, ayant bien soin de tirer le fil, afin que la soie enveloppe bien le carton sans faire le moindre pli. — Prenez de même les 6 autres petits cartons, enveloppez de soie de couleur différente, par exemple de violet; lorsqu'ils sont bien enveloppés sans former le moindre pli à l'endroit, réunissez-les au sexagone orange en les plaçant tout autour, de manière que le côté du carton orange soit uni à un côté d'un carton violet. Il faut pour cela que les morceaux soient bien d'égale grandeur; voilà pourquoi il est bon de se faire d'abord un petit modèle dont on se servira pour tous les morceaux du store.

Pour bien poser ces six morceaux, placez celui du milieu sur une table, adaptez les autres tout autour, tournez-les à l'envers, et bâtissez-les à grands points, puis cousez-les au cordonnet.

Lorsque les morceaux violets sont réunis autour du morceau orange qui doit servir de cœur, ils adhèrent tous les uns aux autres par les deux côtés adjacents de celui qui a servi de base. Cousez aussi ces côtés entre eux par le moyen d'un cordonnet; aplatissez bien votre ouvrage, remarquez que 3 côtés restent libres et devront être couverts soit par le fond, soit par de nouvelles étoiles.

Pour faire ce que nous appelons le fond, couvrez douze sexagones avec de la soie blanche, noire ou verte; placez-les autour de l'étoile de telle sorte qu'alternativement un des morceaux soit adapté dans les petits angles, et se relie ainsi de deux côtés, l'autre posé par un côté sur la ligne qui se trouve au-dessus des angles (voyez fig. 51).

Une fois les 12 morceaux placés, faites de nouvelles étoiles de nuances différentes, les harmonisant le mieux possible avec celles du cœur; placez-les de manière à les adapter dans les angles des morceaux qui forment le fond. Entre deux morceaux, on doit trouver la place d'une étoile, les lignes horizontales sont toujours continuées avec le fond, qui doit remplir le vide laissé par les étoiles.

Lorsque votre ouvrage a la grandeur nécessaire soit pour store, soit pour couvre-pieds, décousez les cartons, et retirez-les, découpez les six côtés de la soie, toujours à l'envers bien entendu, ne laissez tout autour de l'étoffe qui couvrait presque le carton à l'envers, que la largeur à peu près d'un millimètre, afin de donner un soutien au cordonnet. Cette soie d'ailleurs ombrera à l'endroit le tour des sexagones, ce qui à travers le jour sera d'un bon effet.

Lorsque tous les cartons sont retirés posez l'ouvrage sur une grande table, et bordez le à cheval, avec un ruban d'une nuance foncée, mais qui tranche avec celle du fond. Faites-le monter surtout par un habile tapissier.

Ces stores sont d'un effet magnifique lorsque les rayons du soleil les illuminent: ils rappellent les vitraux des églises ou des châteaux du moyen âge. Plus la soie est légère, plus l'effet est brillant.

Les échantillons des soies chez les négociants

les modistes et les couturières; les vieilles robes de soie qui ont conservé quelques lés un peu frais, sont ainsi bien utilisés.

On peut avec le même ouvrage garnir des meubles de salon; seulement, pour chaises, fauteuils, canapés, prie-dieu, il est mieux que le fond soit en drap ou en velours, et les étoiles en étoffe donnant quelque consistance.

CORBEILLE EN VERRE.

Faites découper par un vitrier 5 morceaux de verre en pointe dans le haut et ayant la largeur,

Fig. 52.

d'un angle à l'autre, de 8 centimètres environ. La longueur sera de 12 centimètres, et le morceau se terminera par le bas en forme carrée d'environ 4 centimètres.

Les 6 morceaux (voy. fig. 53) seront assortis à un carton de forme sexangulaire (fig. 54). La longueur d'un angle à l'autre doit être la même que celle du carton. Pour le pied de la corbeille, il faut

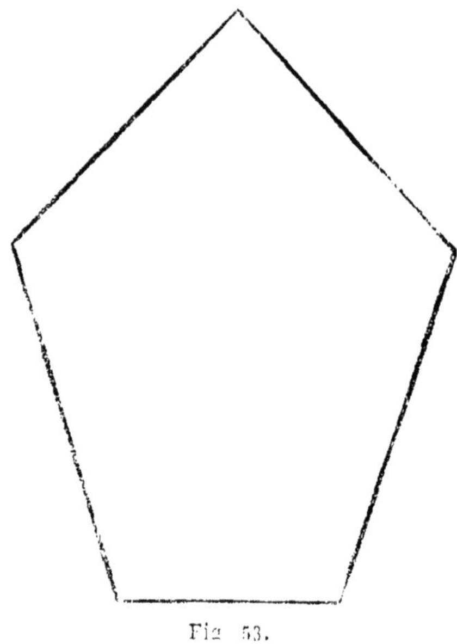

Fig. 53.

également 6 morceaux de verre (fig. 55) de forme rectangulaire par le bas d'environ 7 centimètres allant en diminuant jusqu'au morceau de carton auquel les 6 morceaux doivent aussi être adaptés. La hauteur de chaque morceau doit être de 5 centimètres.

Avant d'adapter les différentes parties de la corbeille, prenez-les toutes séparément, pour les orner. Choisissez une étoffe peinte avec semis ou guirlandes; les bouquets sont préférables et les

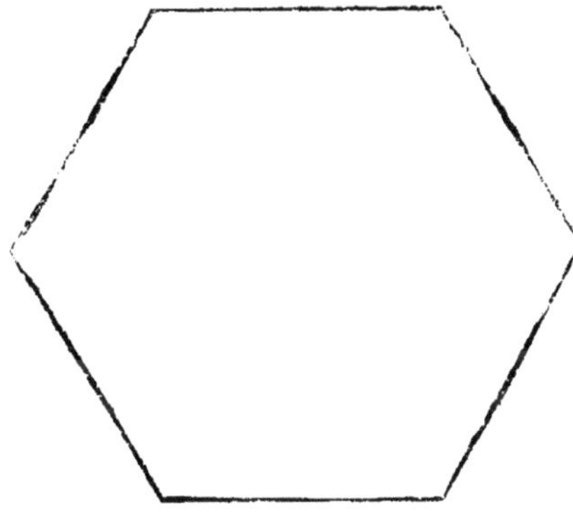

Fig. 54.

toiles de perse ou les mousselines peintes, du meilleur goût. Coupez 12 morceaux d'étoffe sur le modèle des morceaux de verre, et de manière que

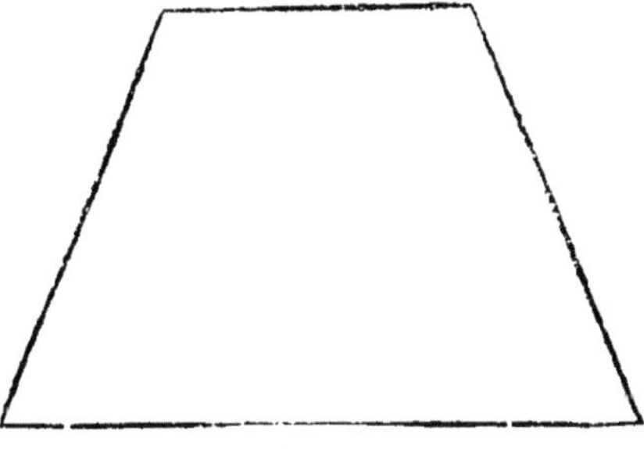

Fig. 55.

le dessin se trouve bien au milieu; collez ces morceaux derrière le verre avec de la colle à gomme; fixez-les en entourant le tout d'une faveur de couleur éclatante, faisant plusieurs points à chaque angle en prenant les deux côtés de la faveur, et serrant beaucoup, de manière que la faveur se maintienne tout autour sans avoir besoin de la coudre, ce qui du reste serait impossible. Le carton doit être recouvert des deux côtés d'une étoffe quelconque posée au moyen d'un surjet tout autour, et bordé d'une faveur.

Lorsque tous les verres sont ainsi doublés et entourés, il faut les réunir: pour cela prenez d'abord ceux qui doivent former le haut de la corbeille, réunissez-les les uns aux autres par un grand point dans les faveurs, au sommet des angles de la plus grande largeur, et plusieurs points aussi aux sommets qui doivent être appuyés sur le carton. Attachez tous ces morceaux au carton, au moyen encore d'un surjet dans les faveurs, mais de manière que tous les morceaux de verre s'adaptent avec les lignes du carton, et puissent se maintenir droits. Faites de même pour les 6 verres du pied, placez-les aussi en les adaptant aux lignes du carton, et les cousant à surjet à grands points.

Lorsque la corbeille est ainsi montée (voy. fig. 5?), cachez les grands points qui ont assujetti les faveurs avec de petits nœuds de la même faveur.

Ces corbeilles ont un aspect très-frais et gracieux. Elles ornent très-bien un guéridon ou une console. Elles peuvent alors recevoir les cartes de visite, les lettres ou les travaux à l'aiguille. — Placées sur les cheminées, elles doivent orner chaque bout ; elles seront alors ornées elles-mêmes de mousse et de fleurs naturelles ou artificielles, mais des fleurs presque rampantes comme pâquerettes, violettes, pensées, réséda, etc.

NOUVELLE BRODERIE SUR COUTIL.

Avec soie, velours et soutache de différentes couleurs.

Prenez un morceau de coutil dont la raie blan-

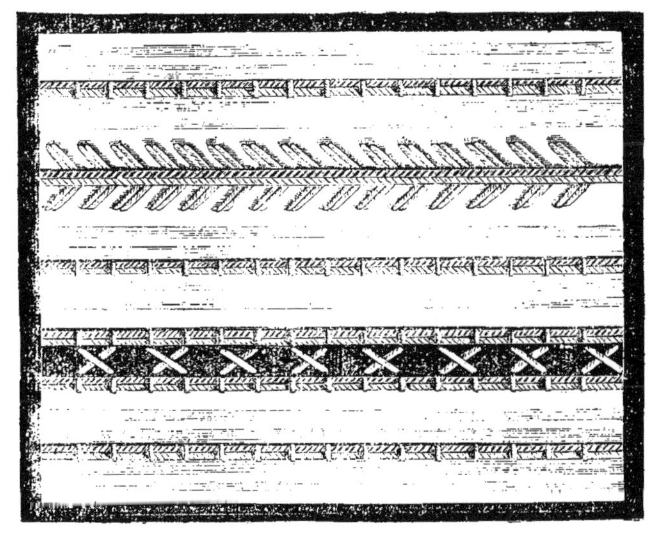

Fig. 56.

che soit de 12 millimètres de largeur, et la bleue de 9 millimètres ou à peu près (fig. 56). Les trois nuances de soutache sont : rouge, verte et jaune. Couvrez la 1re raie bleue de soutache rouge, mettez sur la raie blanche un petit velours noir, de chaque côté une soutache jaune, puis sur la 2e raie bleue, une soutache rouge, et au milieu de la 2e raie blanche, une soutache verte, que vous ornerez de chaque côté d'une broderie formée par deux points de soie violette imitant la broderie au passé et s'appelant points lancés. Un point de soie jaune à cheval devra soutenir la soutache à la distance de 3 millimètres en 3 millimètres. Les points lancés seront à la même distance.

Formez sur le velours noir, avec de la soie verte, un point croisé de 12 en 12 millimètres.

Vous pouvez avec ce nouveau genre de travail faire des garnitures de fauteuil, de canapé, des dessus de coussin d'une très-grande beauté et à peu de frais.

Vous pourrez couvrir aussi des cabas et des corbeilles à ouvrage.

CROCHET.

Ce genre de travail convient surtout aux jeunes filles qui, par leur position de fortune, sont à l'abri des préoccupations journalières de la vie matérielle · c'est pour elles plutôt une distraction qu'un travail; cependant elles peuvent exécuter beaucoup d'ouvrages d'utilité et d'agrément.

POINT DE CHAÎNETTE.

Pour faire un point de chaînette (fig. 57), on prend son crochet de la main droite et son fil de la main

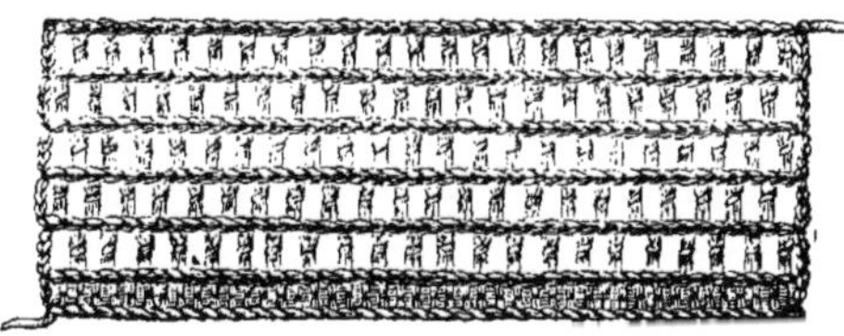

Fig. 57.

gauche; on fait une boucle avec le fil et on passe le crochet dedans; on passe le fil sur le crochet, puis on le sort, on le passe encore, on le fait ressortir, et l'on obtient ainsi le premier point du crochet, qui sert à former tous les autres.

POINT MAT FORMÉ PAR DES DEMI-BARRETTES

Lorsqu'on a obtenu un point de chaînette, on vient piquer son crochet dans la dernière maille, et avant de le retirer on passe une fois le fil des sus ; on a alors deux tours sur son crochet; on passe encore une fois le fil et on retire son crochet en faisant passer son fil à l'intérieur des deux tours qui se trouvaient sur le crochet ; on continue et l'on a ainsi la maille simple ou petite maille formée de demi-brides (fig. 57).

Pour le rang suivant, il faut suivre les mêmes principes, seulement au lieu de piquer son crochet dans les mailles chaînettes, on le pique dans celles du dessous.

POINT MAT FORMÉ DE BRIDES ENTIÈRES.

Pour faire ce que l'on appelle en crochet les brides ou barrettes, on passe le fil sur son crochet avant de

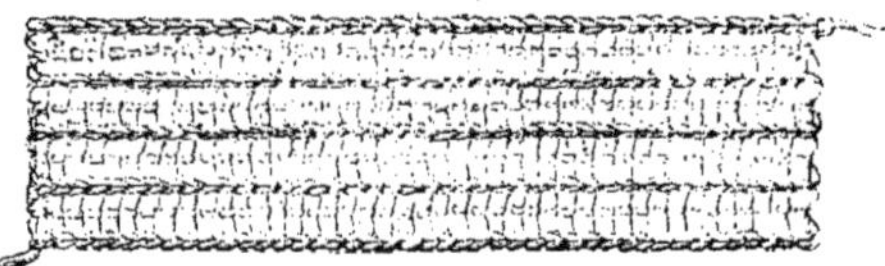

Fig. 58.

prendre une des mailles du point de chaînette, on pique son crochet, puis on passe le fil dessus; on le sort, et l'on a trois tours sur le crochet; on passe encore le fil, on sort le crochet en prenant 2 des fils; il en reste encore deux; on passe une dernière fois le fil, et on traverse ces deux derniers tours (voy. fig. 58); la maille ainsi faite on connaît tous les points du crochet, et l'on peut, en les disposant avec goût, former de très-jolis desseins.

DENTELLE BAYADÈRE.

Cette dentelle (fig. 59) fait bien autour d'un couvre-pied, d'une housse et d'un édredon, elle est assortie au carré de crochet dont nous donnerons le dessin.

Coton n° 14. Rangée de point de chaînette selon la longueur que l'on veut donner à la dentelle (fig. 59).

1re rangée : 3 mailles en l'air; une bride; continuer tout le long.

2e rangée : une rangée de brides.

3e rangée : 3 mailles en l'air, une bride toutes les 3 mailles de la chaînette.

4e rangée : 3 mailles en l'air, une bride dans le milieu du jour précédent.

5e rangée : 9 mailles en l'air, une demi-bride dans la 8e maille.

6e rangée : 9 mailles en l'air, une bride dans la 5e maille de chaque feston.

7e rangée : 4 fois 3 mailles en l'air, une bride

sur les 9 mailles en en laissant une alternativement, 3 mailles en l'air, piquer dans la 4e maille du jour suivant et faire 3 demi-brides.

8e rangée: une bride sur la seconde demi-bride

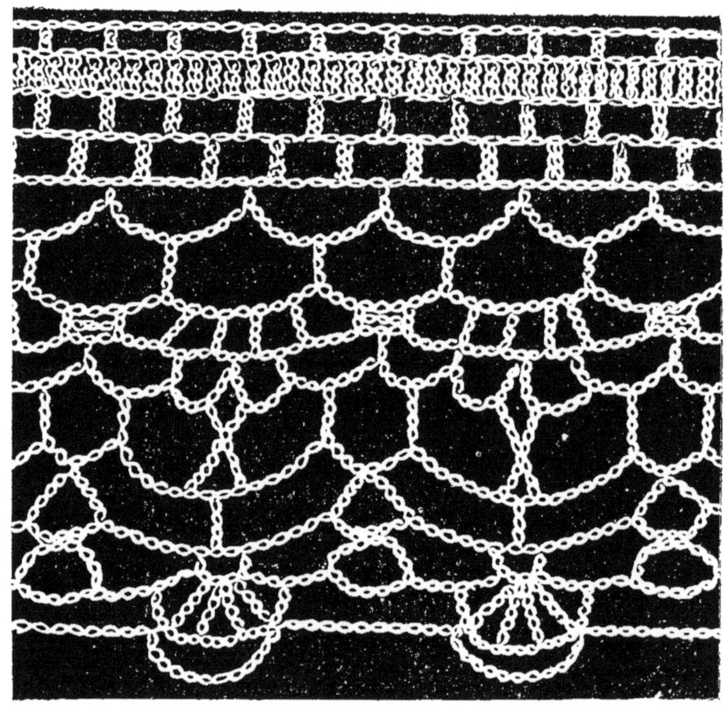

Fig. 59.

de la rangée de dessous, 5 mailles en l'air, sauter un jour, une bride dans la maille du milieu, 5 mailles en l'air, une bride dans le milieu du jour suivant, 5 mailles en l'air, 1 bride dans la même maille, 5 mailles en l'air, une bride dans le jour suivant, 5 mailles en l'air, une bride sur le milieu des 3 demi-brides du dessous.

9e rangée : 7 mailles en l'air, une bride sur le 1er jour, 7 mailles en l'air, passez 1 jour, double bride au milieu des deux de la rangée précédente, 1 maille en l'air, double bride dans la même maille, 7 mailles en l'air, passez 1 jour, 1 bride.

10e rangée : 7 mailles en l'air, une bride sur la seule maille en l'air, 7 mailles en l'air, sauter un jour et une bride dans la 4e maille, 7 mailles en l'air, une bride dans la même, 7 mailles en l'air, sauter un jour, une bride dans la seule maille.

11e rangée : 6 fois 3 mailles en l'air et une bride sur la bride qui se trouve seule, 3 mailles en l'air, sauter un jour, double bride dans les deux de la rangée précédente, 5 mailles en l'air, double bride dans la même maille, 3 mailles en l'air 1 et bride, 6 fois.

12e rangée : 11 mailles en l'air, une demi-bride dans le premier des 6 jours, 11 mailles en l'air, une demi-bride dans le dernier des 6 jours, 11 mailles.

ENTRE-DEUX GUIPURE.

Fil cœur de lin n° 37, crochet n° 1.

1er tour : 8 mailles chaînette, sautez-en 4, et venez faire trois barrettes et une maille coulée sur les 4 dernières; 8 mailles chaînette, 3 barrettes, 1 maille coulée, etc., 4 fois de suite de manière à former une fleur à 4 pétales. Réunissez-les et cassez le fil.

2e tour : Piquez votre crochet au milieu et à la partie supérieure d'un des pétales; faites 4 mailles chaînette, 1 grande barrette entre deux pétales; 4 mailles chaînette, piquez votre crochet sur un pétale et faites un trèfle de 3 picots; pour le picot, faites 5 mailles en l'air et piquez le crochet dans le premier point de la chaînette. Pour les trèfles, il faut que le picot du milieu ait deux points de plus que les picots de côté. Lorsque le trèfle est composé, rentrez le crochet au point de chaînette d'où il est sorti. 4 mailles chaînette, une grande barrette, 4 mailles chaînette, 1 trèfle, etc.

3e tour : Piquez votre crochet dans un des 4 trèfles du rang précédent; faites 7 mailles chaînette; une demi-barrette dans le même picot du trèfle; 7 mailles chaînette, 1 grande barrette sur celle du rang précédent; 7 mailles chaînette, piquez dans le trèfle du coin, etc.

4e tour : 3 demi-barrettes dans les 7 mailles chaînette du rang précédent; 1 picot de 5 mailles, 3 demi-barrettes et ainsi de suite jusqu'au coin; arrivé là, on fait 4 mailles chaînette et on vient piquer son crochet au milieu de la boucle formée par les 7 mailles du rang inférieur; 1 trèfle de 3 picots, 4 mailles chaînette, 3 demi-barrettes, 1 picot etc., jusqu'à ce que l'on ait fait le tour du carré.

Chacun de ces carrés se faisant séparément, il faut les joindre ensemble pour former l'entre-deux. Lorsqu'on fait le dernier rang du carré et que l'on n'a plus qu'un seul côté à terminer, on fait le premier picot du trèfle du coin, et arrivé à la moitié du second, on vient piquer son crochet dans le trèfle du coin du carré que l'on veut attacher; on achève le picot, on fait le troisième, et on continue le tour du carré jusqu'au moment où on rencontre un picot; là encore, on en fait la moitié, on l'attache au picot correspondant du carré que l'on a commencé à joindre, et on fait ainsi jusqu'au coin. Il faut ensuite faire le bord qui consiste à fixer tous les picots qui restent libres de chaque côté.

1er tour : 1 maille coulée dans le premier picot, 4 mailles chaînette, 1 maille coulée, etc.

2e tour : 2 mailles chaînette, une barrette, 2 mailles chaînette, 1 barrette, etc.

3e tour : Mailles en croix pour former des œillets enchaînés. Ces mailles ne doivent se faire que d'un seul côté de l'entre-deux, puisque l'autre est attaché au-dessus de la chemise ou du corsage du dessous.

Si cet entre-deux doit être placé entre des plis, il faudra supprimer complétement les mailles en croix et faire simplement un rang de demi-barrettes.

ÉTOILE A PALMES.

Pour couvre-pieds ou voile de fauteuil.

1er tour : 7 mailles chaînette; faites une maille coulée pour les réunir.

2e tour : 15 demi-brides dans la boucle que l'on vient de former.

3e tour : 6 mailles chaînette, passez 2 demi-barrettes et faites-en 2 ; 6 mailles chaînette, passez 2 mailles, faites 2 demi-barrettes, etc., 4 fois de suite.

4e tour : 6 mailles chaînette, 5 demi-barrettes dont 3 avant les 2 du rang précédent et 2 dessus; 6 mailles chaînette, 5 barrettes et toujours de même 4 fois.

5e tour : 6 mailles chaînette, 7 demi-brides en avançant toujours de 3 sur le rang précédent, il doit en rester une, 6 mailles chaînette, faites encore vos demi-brides en avançant de trois et en reculant d'une.

6e tour : 6 mailles chaînette, avancez de trois vos demi-brides, et ainsi de suite jusqu'à la fin du 7e rang.

8e tour : 6 mailles chaînette, 1 demi-bride au milieu des 6 mailles du rang inférieur; 6 mailles chaînette, et venez planter votre crochet en reculant d'une maille au commencement et de trois à la fin de la palme formée par les points mats.

9e tour : 6 mailles chaînette, 1 demi-bride dans les 6 mailles inférieures, 6 mailles chaînette, 1 demi-bride dans les 6 mailles inférieures, 6 mailles chaînette, 1 demi-bride, etc., jusqu'à ce qu'il ne reste plus qu'une seule maille qui termine le dessin mat. Cette rosace doit être parfaitement plate, sans cela elle est mal faite. Il faut que le point soit un peu serré. Pour attacher ensemble une certaine quantité de rosaces, il faut employer le même moyen que pour les étoiles d'un entre-deux.

DENTELLE VÉNITIENNE.

1er tour : Faites une série de mailles chaînette, de la longueur de l'objet que vous voulez garnir.

2e tour : 1 demi-bride, 7 mailles chaînette, une demi-bride à la 4e maille du rang inférieur, 7 mailles chaînette, 1 demi-bride, etc.

3e tour : 1 demi-bride sur la 2e des 7 mailles chaînette du rang inférieur, 7 mailles chaînette, 1 demi-bride sur l'écaille suivante, etc.

4e tour : 2 demi-brides, dans l'écaille formée par les 7 mailles chaînette, 1 picot de 5 mailles, 2 demi-brides, 1 picot de 5 mailles, surmontez ainsi chaque écaille de trois picots.

La dentelle se termine là et peut servir pour garnir des pantalons ou des petits jupons d'enfant; dans ce cas, il faut la faire avec du fil fin n° 90 d'Alsace ou 30 cœur de lin. Il faut en outre que le point soit un peu serré, afin d'imiter celui de la guipure.

CARRÉ VÉNITIEN.

1er tour : 7 mailles chaînette, sautez-en 4 et venez faire 3 brides, 1 maille coulée sur les 3 dernières, et ainsi 4 fois de suite, afin de former une fleur à 4 pétales.

2e tour : 7 mailles chaînette, 1 demi-bride sur le pétale de la fleur, 3 mailles chaînette, une bride entre deux pétales, 3 mailles chaînette, une demi-bride sur un pétale, ainsi de suite 4 fois.

3e tour : 6 mailles chaînette, 1 picot avec les cinq dernières, 5 mailles chaînette, formez le picot, 5 mailles chaînette, formez un point. Lorsque les trois picots sont faits, formez un trèfle en faisant une maille coulée dans celle que vous avez laissée à la base, 3 mailles chaînette, 1 demi-bride sur le pétale, faites un trèfle comme le précédent, 3 mailles chaînette, 1 trèfle, etc., 8 fois de suite. Lorsque les 8 trèfles sont faits, cassez le fil.

4e tour : Piquez un crochet dans la boucle du milieu d'un trèfle du coin, faites 7 mailles chaînette, 1 demi-bride dans cette boucle, 7 mailles chaînette, 1 demi-bride dans la boucle du trèfle suivant, 7 mailles chaînette ; et lorsque vous arrivez au coin, faites toujours une boucle au-dessus du trèfle, mais ce n'est qu'au coin, cela ne se répète donc que 4 fois; sur les 4 autres trèfles, ne faites que des demi-brides.

5e et dernier tour : 3 demi-brides, un picot de 5 mailles chaînette et ainsi de suite jusqu'au coin; arrivé là, faites 3 mailles chaînette, un trèfle sur le picot; 3 mailles chaînette, puis trois demi-brides, 1 picot de 5 mailles jusqu'à ce que vous ayez le tour du carré.

Lorsqu'après avoir fait un carré, vous en faites un second, il faut les rattacher ensemble, et pour cela, faites presque entièrement ce dernier carré; arrivé au troisième côté, faites le premier picot du trèfle du coin, le second jusqu'à la moitié, et venez piquer un crochet dans le milieu d'un des trèfles du coin du carré précédent; achevez le picot, faites le troisième, afin que le trèfle soit complet, et continuez son bord comme vous l'avez commencé jusqu'à ce que vous rencontriez un picot, que vous joindrez au picot correspondant du carré qui est commencé à attacher; vous faites ainsi pour tous les picots, afin qu'il n'y en ait pas un de libre.

ENTRE-DEUX DE VENISE.

1er tour : 15 mailles chaînette, joignez par une maille coulée.

2e tour : 7 mailles chaînette, 1 barrette dans la boucle que l'on vient de faire, 3 mailles chaînette,

1 barrette dans cette même boucle, ainsi de suite 8 fois.

3e tour : 3 demi-brides dans le trou formé par les mailles chaînette du rang précédent, 1 trèfle de 3 picots, 3 demi-brides, etc., 8 fois.

4e tour : 9 mailles chaînette, 1 demi-bride au milieu du trèfle, 9 mailles chaînette, 1 demi-bride, etc., 8 fois.

5e tour : 16 demi-brides dans les trous formés par les 9 mailles chaînette du rang précédent.

6e tour : 8 demi-brides, 1 trèfle de 3 picots, 8 demi-brides, un trèfle de 3 picots, etc., 16 fois; l'étoile est terminée.

Pour joindre plusieurs étoiles ensemble, on les termine presque complétement ; mais lorsqu'on est arrivé aux deux derniers trèfles, on les joint à l'étoile précédente en faisant d'abord le premier picot du trèfle, et lorsqu'on fait le second, on s'arrête à la troisième maille, on pique un crochet dans le picot du milieu d'un des trèfles de l'autre rosace, on achève le trèfle, on fait les huit demi-brides, on joint le second trèfle, et les deux étoiles se trouvent ainsi solidement attachées.

Là ne se termine pas l'entre-deux, il faut maintenant faire un bord qui permette de le coudre au-dessus d'un corsage, ou bien entre l'ourlet, les plis d'un pantalon ou d'un jupon ; pour cela, il faut que tous les trèfles soient fixés afin de ne pas les recoquiller si on lave le travail. Ce bord est simple et facile à faire ; il faut le commencer à l'une des extrémités de l'entre-deux, afin qu'on ne voie pas à quel endroit il se termine.

1er tour : 1 bride, 5 mailles chaînette, 1 bride, 5 mailles chaînette, 1 demi-bride, ayant toujours soin de la faire dans le picot du milieu des trèfles, 3 mailles chaînette, 1 demi-bride, 5 mailles chaînette, 1 demi-bride, 6 mailles chaînette; tournez deux fois votre fil autour de votre crochet, piquez-le dans le dernier trèfle qui vous reste de cette étoile; faites une bride entière, il reste encore trois tours sur le crochet, passez de nouveau le fil, piquez dans le trèfle suivant, faites 1 bride; il reste deux tours de fil, on passe encore une fois afin de faire une bride, 3 mailles chaînette, piquez le crochet au milieu de la barrette double que vous venez de faire, de manière à former une croix; recommencez ensuite 6 mailles chaînette, 1 demi-bride, 5 mailles chaînette, 1 demi-bride, etc.

2e tour : 2 mailles chaînette, sautez-en deux, faites 1 bride, 2 mailles chaînette, sautez-en 2, 1 bride, etc.

3e tour : 6 mailles chaînette, faites 1 picot avec les 5 premières, 1 maille chaînette, piquez entre les deux barrettes du rang précédent, 6 mailles chaînette, etc. On peut doubler la rangée et former encore des picots, mais à un côté seulement;

Cet entre-deux peut servir à faire de très-jolis corsages, en alternant avec des bandes de mousseline bouillonnée, et en mettant sous chaque raie au crochet un ruban de couleur. Il faut alors prendre du fil très-fin, cœur de lin nº 36 ; pour pantalon ou jupon, il faut en employer de plus gros, nº 25.

ENTRE-DEUX OU DENTELLE DE GÊNES.

Pour bas de pantalon ou de jupon ou pour dessus de corsage (voy. fig. 60).

1er tour : 6 mailles chaînette, 1 maille coulée pour les joindre.

2e tour : 10 mailles chaînette, formez un picot avec les 5 dernières, faites ensuite une maille chaînette, puis une barrette dans l'anneau formé par le rang précédent, 6 mailles chaînette, 1 picot avec 5, 1 maille chaînette, 1 barrette à côté de la précédente ; ainsi de suite 8 fois.

3e tour : 13 mailles chaînette, 1 barrette sur celle du rang inférieur, 9 mailles chaînette, 1 barrette, lorsque vous êtes arrivée à l'endroit où le rang a commencé, faites une maille coulée sur la quatrième des 13 mailles chaînette afin de former une barrette, puis commencez le tour suivant.

4e tour : 3 demi-barrettes, 1 picot de 5 mailles, 3 demi-barrettes dans cette même boucle formée par les 9 mailles chaînette du rang précédent; passant à l'autre écaille de l'étoile, faites 3 demi-brides, 1 picot, 3 demi-brides, de manière qu'il y ait 8 picots séparés chacun par 6 demi-brides.

5e tour : 9 mailles chaînette au-dessus du picot du rang inférieur, 6 demi-brides, 9 mailles chaînette, 6 demi-brides, etc., 8 fois.

6e et dernier tour de l'étoile : 1 demi-barrette sur la première des 9 mailles chaînette du rang

Fig. 60.

précédent, 1 picot de 5 mailles ; 1 demi-barrette, 1 picot, 1 demi-barrette, 1 picot, 1 demi-barrette, 1 picot, afin de former une écaille surmontée de 4 picots ; 6 demi-barrettes, 1 picot, 1 demi-barrette, 1 picot, etc., jusqu'à ce que le tour de l'étoile soit terminé.

Pour composer un entre-deux, il faut attacher les étoiles ensemble ; voici comment il faut s'y prendre : lorsqu'on a fait 6 des écailles du dernier rang, on fait le premier picot et la première demi-barrette de l'avant-dernière; on attache le picot suivant avec le picot correspondant de l'étoile que l'on veut joindre; 1 demi-barrette, on attache encore le picot avec son correspondant dans l'autre étoile; on fait 1 demi-barrette, 1 picot libre, 6 demi-barrettes, 1 picot libre, 1 demi-barrette et l'on recommence comme pour l'écaille précédente; on obtient ainsi un entre-deux aussi long que l'on veut et il ne reste plus qu'à faire le bord.

1er tour du bord : 1 demi-barrette dans le 2e picot d'une des écailles; 2 mailles chaînette, 1 demi-barrette, 7 mailles chaînette, 1 demi-barrette sur le 2e picot de l'écaille suivante, 2 mailles chaînette, 1 demi-barrette, 5 mailles chaînette, 1 maille en croix dans les 2 picots libres des 2 écailles suivantes, 5 mailles chaînette, 1 demi-barrette, etc.

2e tour : 2 mailles chaînette; sautez 2 mailles, faites une barrette, etc.

3e tour : Le troisième tour du bord consiste à faire un rang de mailles en croix si l'entre-deux doit être mis au-dessus d'un corsage; si on veut le placer entre des plis, il faut se contenter de faire un rang de demi-brides. Lorsqu'on fait l'œillet, il faut le surmonter d'un rang formé comme celui qui le précède, par une barrette, sauter 2 mailles, faire une barrette, etc.

Dernier tour : enfin, pour terminer l'entre-deux, on fait un picot entre chacune des barrettes du tour que l'on vient de terminer et on obtient un travail qui ressemble beaucoup à la guipure de Cluny.

DENTELLE.

Cette dentelle se fait en travers.

1er tour : 13 mailles chaînette, prenez à la quatrième, faites 1 barrette, 2 mailles chaînette, 2 barrettes, 4 mailles chaînette, 2 barrettes.

2e tour : 2 barrettes, 4 mailles chaînette, 2 mailles chaînette, 2 barrettes.

3e tour : 9 mailles chaînette, venez faire 2 barrettes sur celles du rang précédent, 2 mailles chaînette, 2 barrettes, 4 mailles chaînette, 2 barrettes.

4e tour : 3 mailles chaînette, 1 barrette au-dessus de la deuxième du rang précédent, 4 mailles chaînette, 2 barrettes, 2 mailles chaînette, 2 barrettes sur celles du rang précédent, 3 mailles chaînette, 1 barrette dans la boucle formée par les 9 mailles chaînette du troisième tour, 3 mailles chaînette, 1 barrette cinq fois de suite ; pour terminer, on vient prendre dans la première maille du premier rang et on fait une maille coulée.

5e tour : On retourne son ouvrage, on fait 6 mailles chaînette, 1 demi-bride dans le premier jour; 6 mailles chaînette, 1 demi-bride dans le second, et ainsi de suite jusqu'au dernier; arrivé là, on fait 4 mailles chaînette, 2 barrettes sur celles du rang inférieur; 4 mailles chaînette, 2 brides, la première écaille de la dentelle est terminée, on fait toutes les autres sur le même modèle.

Cette petite dentelle est d'un très-bel effet pour bas de pantalon, de jupon ou garniture de taie d'oreiller.

MIGNARDISE. — FRIVOLITÉ.

Cette broderie, inventée depuis quelques années seulement, est aujourd'hui très en vogue et nous donne des dentelles, des entre-deux, des ronds, des carrés, etc., d'une grande beauté. Elle est composée de tous les points de crochet mêlés avec de la frivolité.

DENTELLE, CROCHET ET MIGNARDISE.

1er tour : On prend du fil d'Alsace n° 70, ou du cœur de lin 30, de la mignardise et un crochet assortis; on fait 2 barrettes dans un des premiers picots, 2 mailles chaînette, 2 barrettes dans le 3e picot en laissant 1 picot entre les 2 et ainsi de suite.

2e tour : On retourne la mignardise, on fait une barrette dans chaque picot, en les séparant toutes par une maille chaînette.

3e tour : 2 barrettes dans une des mailles du rang inférieur au-dessus de la bride, 2 mailles chaînette, 2 barrettes encore dans cette même maille, sautez trois mailles, faites encore 2 barrettes, 2 mailles chaînette, 2 barrettes dans une seule maille, etc.

4e tour : 1 demi-bride sur la première des deux barrettes, 3 mailles chaînette, 1 bride au milieu des deux mailles qui séparent les barrettes, 3 mailles chaînette, 1 demi-bride, etc.

Cette petite dentelle est extrêmement jolie et garnit bien un tablier d'enfant, un jupon, etc.

DENTELLE OMBRÉE.

Pour taie d'oreiller, pantalon, etc. (fig. 61).

Prenez du fil d'Alsace n° 70 et de la mignardise assortie.

1er tour : 1 maille coulée dans un des picots de la mignardise, 3 mailles chaînette; prenez un second morceau de mignardise et faites une maille coulée comme la précédente; 3 mailles chaînette, 1 maille coulée dans la mignardise du bas, seulement il faut sauter 2 picots en haut et n'en sauter qu'un en bas.

2e tour : 1 maille coulée dans le picot qui se trouve au milieu des deux que vous avez laissé au rang précédent, faites 3 mailles chaînette, prenez une troisième mignardise, faites une maille coulée dans un picot, 3 mailles chaînette, sautez deux picots en bas, c'est la mignardise qui se trouvait tout à l'heure en haut, et qui doit former un zigzag; 3 mailles chaînette, sautez un picot en haut, etc.

3e tour : 3 mailles chaînette, 1 barrette sur un picot, 3 mailles chaînette, sautez un picot, faites une barrette, etc.

4e tour : 5 demi-barrettes, 3 mailles chaînette, sautez-en trois au-dessus, faites 2 barrettes,

Fig. 61.

3 mailles chaînette, sautez 3 mailles, faites 5 demi-barrettes, etc.

5e tour : 3 demi-barrettes sur les cinq du rang précédent, laissez-en une de chaque côté, 4 mailles chaînette, 4 barrettes sur les deux du rang inférieur, 4 mailles chaînette, 3 demi-barrettes, etc.

6e tour : 1 demi-barrette au milieu des trois inférieures, 5 mailles chaînette, 6 barrettes sur les 4 du rang précédent, 5 mailles chaînette, 1 demi-barrette, etc.

7e tour : 6 mailles chaînette, sur la 1re barrette 1 picot avec cinq, 1 maille chaînette, sautez 1 maille, 6 mailles chaînette, 1 picot avec cinq, sautez 2 mailles, 6 mailles chaînette, 1 picot avec cinq, sautez 1 maille, 8 mailles chaînette, 1 picot de cinq mailles, 3 mailles chaînette, venez piquer votre crochet une maille avant les 6 grandes barrettes du rang inférieur et faites les picots ainsi que cela est indiqué plus haut.

Lorsque votre dentelle est terminée de ce côté, il faut faire un rang au bord inférieur, afin de maintenir le picot de la mignardise, et de pouvoir coudre la dentelle à un pantalon ou à un jupon, 1 maille chaînette, 1 demi-barrette, 1 maille chaînette, 1 demi-barrette, etc.

ENTRE-DEUX MIGNARDISE ET CROCHET.

1er tour : Prenez de la mignardise fine si c'est pour pantalon, un peu plus grosse si c'est pour jupon; ayez-en deux morceaux; faites une maille coulée sur l'un des picots de cette mignardise (voy. fig. 62), 4 mailles chaînette, 1 maille coulée dans un picot de la mignardise supérieure; 4 mailles chaînette, sautez 3 picots de la mignardise inférieure, prenez au 4e, faites une maille coulée, tournez deux fois votre fil autour de votre crochet sautez deux picots de la mignardise supérieure, prenez au 3e, faites 1 maille quadruple qui, lorsqu'elle est terminée, vient rejoindre la maille coulée du bas, faites 4 mailles chaînette, 1 maille coulée au 3e picot de la mignardise supérieure, etc.

2e tour : On prend un troisième morceau de mignardise et on le joint à ce que l'on vient de faire,

Fig. 62.

en suivant la même explication; on a ainsi un serpentin au milieu, formé par une mignardise

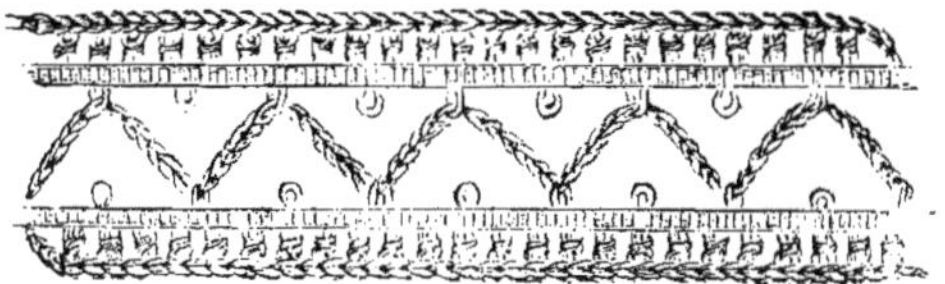

Fig. 63.

qui ondule; de chaque côté sont des festons formés avec les chaînettes. Les deux côtés extérieurs de l'entre-deux sont garnis d'une maille coulée dans chaque picot, séparée d'un point de chaînette.

Cet entre-deux fait un très-joli effet; mais il faut

autant que possible l'exécuter avec du fil fin, 70 d'Alsace, ou 30 cœur de lin.

La figure 63 se fait dans le même genre.

ROSACE AU CROCHET ET MIGNARDISE.

1er tour : 15 mailles chaînette, joignez par une maille coulée.

Fig. 64.

2e tour : 4 mailles chaînette, 2 barrettes quadruples, 5 barrettes ordinaires, 3 barrettes quadruples, etc., 6 fois de suite. Lorsqu'on a fait entièrement le tour de l'anneau formé par les mailles chaînette, on joint par une maille coulée.

3e tour : 1 barrette quadruple au milieu des 5 barrettes ordinaires, 9 mailles chaînette, 2 barrettes quadruples sur la pointe formée par les deux du rang précédent; 9 mailles chaînette, etc. jusqu'à ce que les 6 écailles soient formées.

4e tour : 4 mailles chaînette, 1 demi-barrette sur la 5e maille des 9 du rang inférieur, 2 barrettes ordinaires, 2 barrettes triples, 1 barrette quadruple sur la 1re quadruple, 5 mailles chaînette, et venez, sans en sauter, prendre à côté de la seconde barrette quadruple; ces deux dernières mailles doivent donc se trouver immédiatement au-dessus de celles du rang inférieur. Après avoir piqué votre crochet, faites 1 maille quadruple, 2 barrettes triples, 2 ordinaires, 1 demi barrette, 4 mailles chaînette, 1 demi-barrette sur la maille quadruple qui forme la partie la plus basse de l'écaille. On répète cela 6 fois, afin de former 6 dents ou écailles.

5e tour : On prend de la mignardise assortie au fil dont on s'est servi, on la fixe dans le creux d'une des écailles, par une maille coulée; puis on fait 4 mailles coulées sur les 4 mailles chaînette du rang précédent, 5 mailles chaînette, sautez deux picots de la mignardise, faites 1 maille coulée dans le 3e, 4 mailles chaînette, 1 maille coulée sur la 1re maille quadruple du rang précédent; 4 mailles chaînette, sautez trois picots de la mignardise, faites une maille coulée au 4e, 4 mailles chaînette, sautez les 4 du rang inférieur, et faites 1 maille coulée sur la maille quadruple qui se trouve à l'extrémité des 4 mailles chaînette, 4 mailles chaînette, sautez 3 picots de la mignardise, prenez au 4e, faites 5 mailles chaînette, 4 mailles coulées sur les 4 mailles chaînette, sautez 2 picots, venez prendre sur le 3e de la mignardise, 1 maille coulée sur la barrette quadruple du rang précédent, et ainsi de suite 6 fois.

6e tour : Réunissez les deux premiers picots extérieurs de l'écaille formée par la mignardise, 3 mailles chaînette, 1 demi-bride sur le 2e picot, 3 mailles chaînette, 1 demi-bride sur le picot suivant, 3 mailles chaînette, 1 trèfle sur le picot suivant, 3 mailles chaînette, 1 demi-bride, et ainsi de suite sur tous les picots, de manière à faire trois trèfles sur l'écaille; arrivé à l'enfoncement, on réunit 2 picots et on recommence 6 fois de suite comme il est indiqué précédemment.

DENTELLE MIGNARDISE ET CROCHET.

Pour bas de jupon ou de pantalon.

1er tour : Arrêtez votre fil en faisant 1 maille coulée dans un picot de la mignardise, 5 mailles chaînette, sautez 1 picot, prenez au second et faites 1 maille coulée, 5 mailles chaînette, prenez au 2e picot 4 fois ainsi ; faites ensuite 7 mailles coulées sur 7 picots, afin de former le dedans d'une écaille ; 2 mailles chaînette, venez prendre au milieu des 5 que vous avez faites précédemment de l'autre côte de l'écaille, faites une maille coulée, encore 2 mailles chaînette, 1 maille coulée en sautant 1 picot, et ainsi 4 fois de suite ; lorsque le dedans de l'écaille est ainsi fait, on passe à une autre écaille ; mais avant de la commencer, faites 2 mailles chaînette, 1 maille coulée sur le picot suivant, ainsi de suite 5 fois, et recommencez la seconde écaille comme la première. Terminez la rangée par les 5 mailles coulées entremêlées des 2 mailles chaînette, coupez la mignardise à 10 picots plus loin.

2e tour : Prenez le côté extérieur de la mignardise, au-dessus de la 1re maille coulée du jour. Faites 1 maille coulée, 5 mailles chaînette, sautez 1 picot, 4 fois, en ayant bien soin de placer la maille coulée au-dessus de la maille correspondante du rang précédent, pour le contour 6 mailles chaînette, 1 picot avec 5, 1 maille chaînette, 1 maille coulée sans sauter de picot, 6 mailles chaînette, 1 picot, etc., 8 fois de suite ; on doit avoir alors l'extérieur de l'écaille formé par ces 8 picots ; lorsqu'ils sont terminés, 5 mailles chaînette, sautez 1 picot, 1 maille coulée, 5 mailles chaînette, etc., 4 fois. Arrivé au coin, faites 6 mailles coulées dans 6 picots pour former le rond, 2 mailles chaînette, 1 maille coulée prise au milieu des 5 faites de l'autre côté, 2 mailles chaînette, sautez un picot, faites une maille coulée, etc., jusqu'au coin où l'on recommence à faire le bord en picots comme à l'écaille précédente.

Cette dentelle fait un effet charmant autour des petites bavettes de piqué blanc et sur tout autre objet de lingerie; elle est très-solide et offre beaucoup plus de résistance que la valencienne.

ENTRE-DEUX CROCHET MIGNARDISE.

Prenez une mignardise de la longueur que vous voulez donner à votre entre-deux (voy. fig. 65), arrêtez le fil sur le 1er picot, faites 9 mailles chaînette, 1 maille coulée sur le 3e picot et ainsi 3 fois. Faites ensuite 7 mailles chaînette, 1 maille coulée sur la 3e de ces mailles pour faire un picot, 14 mailles chaînette, 1 maille coulée sur le 3e picot, 17 mailles, 1 picot avec les 4 dernières mailles de ces 17, 3 mailles chaînette, 1 maille coulée sur le 3e picot mignardise; recommencez jusqu'à la fin de la rangée.

Prenez une autre mignardise, arrêtez le fil au 9e picot, faites 4 points de chaînette, une maille coulée sur la 5e de la chaînette inférieure, 4 mailles chaînette, 1 maille coulée sur la 5e du feston inférieur, et prenez en même temps le 3e picot supérieur, 4 mailles chaînette, 1 maille coulée sur la 5e du feston inférieur, 4 mailles chaînette, 1 maille coulée sur le 3e picot de la mignardise supérieure, 13 mailles chaînette, 1 maille coulée

Fig. 65.

sur la 4e de cette chaînette de manière à former une boucle de 8 mailles, 3 mailles chaînette, 1 maille coulée au 2e picot de la mignardise supérieure, 12 mailles chaînette, 1 coulée à la 4e pour former la boucle, 3 mailles chaînette, 1 maille coulée au 2e picot, toujours de la mignardise supérieure; ainsi cinq fois pour former cinq boucles en diminuant toujours d'une maille, 5 mailles chaînette, 1 double bride qui se réunisse au 3ᵉ picot, 11 mailles chaînette, 1 coulée sur la barette pour former une boucle, 5 mailles chaînette, 1 coulée sur le 3ᵉ picot; faites 5 boucles, comme les 5 premières, en laissant toujours entre elles un picot de la mignardise. Une fois le grand feston terminé, refaites 4 points de chaînettes comme les 4 premiers, reprenez au milieu du premier feston de 9 mailles, et continuez ainsi toute la rangée.

Pour réunir le feston, prenez à la grande boucle du milieu, qui est fermée par une barrette, réunissez les deux boucles en face par une demi-barrette, faites 3 mailles chaînette, une autre barrette qui se réunira par un point à la boucle suivante, et ainsi jusqu'à la fin des boucles, faisant les barrettes qui réunissent les boucles de plus en plus longues, c'est-à-dire triples et quadruples. La dernière réunira par une maille coulée la chaînette inférieure, en prenant la 6ᵉ maille de chaque côté de la chaînette, en comptant depuis les 2 picots de la chaînette, et formera ainsi une boucle, remontez avec un nouveau point de chaînette et réunissez les boucles du côté opposé. Tournez ensuite la mignardise, et garnissez de même avec des boucles et des barrettes l'intérieur du feston, commençant la rangée par les boucles, et adjoignant la 3ᵉ mignardise qui fait rangée dans le sens contraire à la 1re, c'est-à-dire en commençant par le point chaînette et faisant ensuite la maille coulée sur le picot mignardise.

Une fois toute la rangée terminée ainsi, composez la bordure en faisant une bride dans chaque picot extérieur, et en séparant ces brides par une maille en l'air.

PETITE DENTELLE RUSSE.

Arrêtez le fil dans le 1er picot (voy. fig. 66), et faites une rangée de points de chaînette, arrêtés

Fig. 66.

tous les trois par un point coulé sur les picots, d'un entre autres.

2e rangée. — Tournez la mignardise, faites un point coulé dans le 1er picot, 7 mailles chaînette, reprenez à la 4e maille de cette chaînette, et faites une maille coulée, ce qui formera un picot, 4 mailles chaînette, passez un picot de la mignardise et prenez le suivant avec une maille coulée — faites toute la rangée de même.

3e rangée. — Prenez le 3e picot des points de chaînette, faites 7 mailles chaînette, reprenez à la 3e avec une maille coulée pour former un picot; faites une double bride, qui réunira le picot chaînette au picot de la mignardise, encore 3 mailles chaînette, et réunissez-les par un point coulé au picot qui forme le feston suivant de la chaînette. Passez un feston entier de la chaînette, et recommencez à faire un double feston toujours réuni par une barrette. La dentelle sera ainsi terminée.

Cette dentelle faite avec une mignardise très-fine et du fil assorti, borde avec avantage des cols, des manchettes, etc.

CROCHET TUNISIEN.

Ce crochet, dont l'usage est devenu général et avec lequel on fait de si jolis ouvrages, est aussi facile à exécuter que le crochet ordinaire.

Prenez un crochet en ivoire, d'une grosseur différente, selon la laine que vous voulez employer, formez un rang comme celui du crochet ordinaire. Pour la largeur d'une bande, on monte ordinairement 18 mailles. Piquez le crochet dans la 1re maille de la rangée, tout près du brin de laine, prenez la laine avec le crochet, et faites-le passer dans cette maille que vous conservez sur le crochet, comme la première qui s'y trouvait déjà. Piquez le crochet dans la suivante, faites passer le fil dans cette maille que vous conservez encore, et vous avez 3 mailles, continuez ainsi jusqu'à la fin de la rangée que vous avez préparée ; cela s'appelle monter les mailles. Pour redescendre la rangée, jetez le fil sur le crochet et tirez-le dans la dernière maille que vous venez de monter : jetez encore le fil sur le crochet, tirez-le dans les deux fils qui forment la maille, continuez jusqu'à la fin à jeter

Fig. 67.

le fil sur le crochet et à tirer dans les deux fils qui forment la maille ; à la dernière maille, la première rangée est terminée.

Recommencez une deuxième rangée avec la dernière maille que vous avez conservée, piquez le crochet dans la 2e maille verticale de la rangée que vous venez de terminer, jetez le fil sur le crochet, et tirez-le dans cette maille; continuez ainsi jusqu'à la fin de la rangée.

Pour orner les bandes ou les carrés (voy. fig. 67), il faut broder dessus au point de marque, en comptant les mailles. Le dessin tracé sur le carré que nous donnons peut être facilement copié en mettant deux nuances. Les augmentations se font en piquant le crochet dans une maille de la chaîne du rang précédent, en jetant le fil sur le crochet, et en le faisant passer dans cette maille, ce qui donne une maille de plus à la seconde rangée.

Si l'augmentation doit être faite au commencement de la rangée, il faut faire une maille chaînette, après avoir terminé la rangée inférieure, de manière à commencer la suivante avec une maille de plus.

Les diminutions se font en passant dans la rangée que l'on fait une maille verticale sur le crochet.

Pour faire une boucle, entrez le crochet dans une maille, jetez le brin de laine sur le crochet, tirez-le dans cette maille, faites ensuite 3 mailles chaînette, jetez le fil sur le crochet et tirez-le dans les deux fils qui sont déjà sur le crochet.

Les couvre-pieds et les tapis au crochet tunisien sont d'une grande beauté, lorsque des bandes de couleurs différentes sont ornées de guirlandes, de fleurs exécutées au point de marque. On fait aussi des jupons à bandes, qui sont de bon goût et très-chauds; l'usage en est surtout adopté pour les enfants.

TAPISSERIE.

—

POINT ORDINAIRE OU GROS POINT.

On prend du canevas pénélope, on saute deux fils en hauteur et en largeur, en allant toujours de

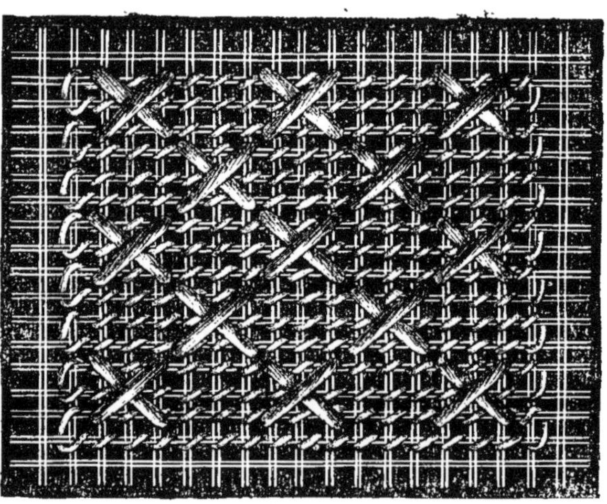

Fig. 68.

gauche à droite : lorsque la première rangée est terminée, on revient dessus en faisant un point sur chacun de ceux du rang précédent; ces points forment une croix qui constitue ce que l'on appelle gros point. On peut ne pas le recouvrir si la laine est assez fournie (voy. fig. 68).

POINTS DES GOBELINS.

Il existe une grande variété de ces points. Pour le plus ordinaire, on compte 3 fils en hauteur

Fig. 69.

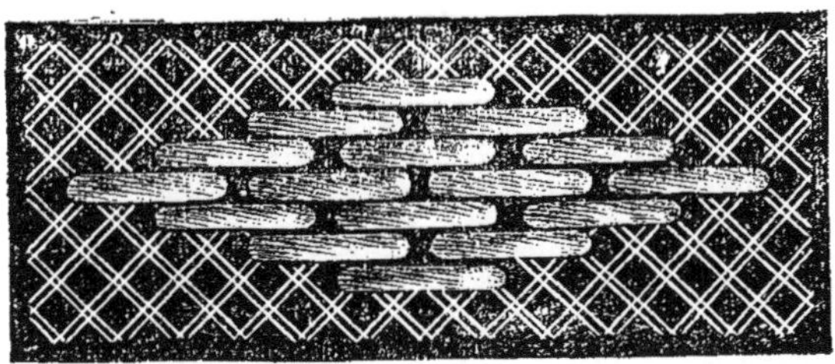

Fig. 70.

allant toujours de gauche à droite : ce point ne se recouvre pas.

PETIT POINT

Pour exécuter le petit point, on prend un fil en hauteur et 1 en largeur. Les grands points (voy. fig. 69 et 70) sont faits sur les fonds de tapis, de meubles, etc.

POINT D'HERMINE.

Ce point (voy. fig. 71) s'exécute en prenant les fils en biais ; on en saute 6, puis lorsque le rang est

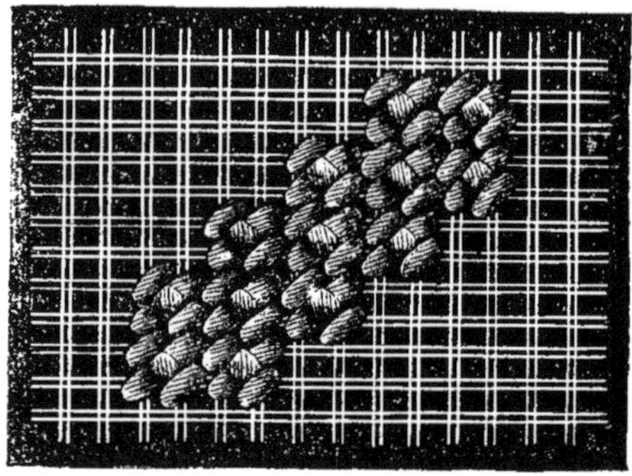

Fig. 71.

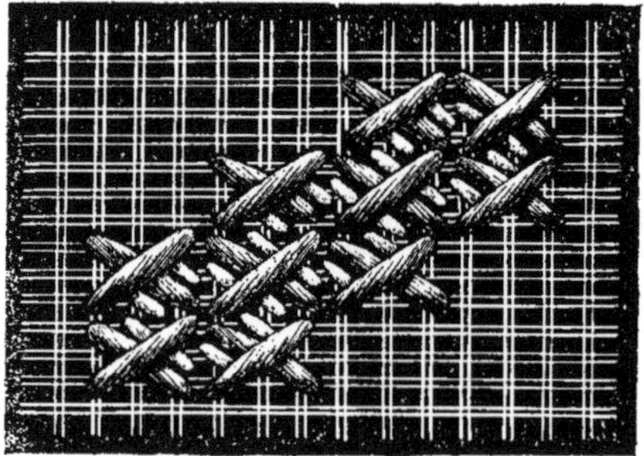

Fig. 72.

terminé on recommence le rang suivant en plantant son aiguille dans deux des fils de chaque point du rang précédent, et en descendant seulement de 4, ce qui fait les 6 fils voulus. Ce point se fait avec de la laine très-grosse.

Les points de la figure 72 sont aussi une variété du point d'hermine.

CROIX EXÉCUTÉES SUR DU GROS POINT SIMPLE.

On prend du canevas pénélope, et l'on fait le point ordinaire; lorsque tout le canevas est couvert, on choisit de la laine très-grosse, et l'on fait deux points en biais, croisés, comprenant 6 fils (voy. fig. 68); ces croix peuvent se faire très-près l'une de l'autre, et peuvent servir de semé pour fond de tapis, de fauteuils, etc.

BOUQUET DE FLEURS EN RELIEF.

Pour exécuter cette fleur (voy. fig. 73), on fait quatre points en biais dans le même trou, et comprenant 6 fils, afin de former le pétale; on en fait ainsi 7 en rayonnant autour d'un petit centre que l'on remplit de petits nœuds, afin d'imiter les étamines. Lorsque la fleur est terminée, on fait la tige, puis l'on dispose dessus des petites branches de feuilles ainsi que l'indique le modèle; on ajoute encore des petites fleurs dont les pétales au nombre de 4 sont faits absolument comme ceux de la précédente. Une fois la branche terminée, on l'entoure d'un fond au gros point.

Ce bouquet peut servir comme semé dans l'exécution d'un tapis ou d'un meuble; on peut en varier les couleurs autant que l'on veut; il ornerait

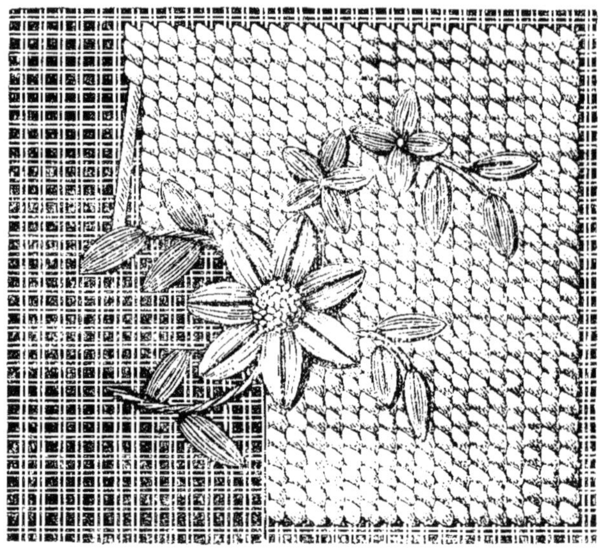

Fig. 73.

aussi un très-joli coussin pour mettre sous les pieds ou sur un canapé.

SAC A OUVRAGE.

Tapisserie avec soie et laine de 3 couleurs (voy. fig. 74).

Petit point et grand point sur un canevas uni.

1° Le grand point devra se faire sur 9 fils; il faut commencer par un seul fil, et augmenter jusqu'à 5; on doit aller ensuite en diminuant jusqu'à 1 seul.

2° Le petit point qui sépare les bandes se fait sur la largeur du canevas, en prenant un seul fil; la couleur de la laine doit trancher avec celle du grand point.

3° La losange se forme aussi dans la largeur du

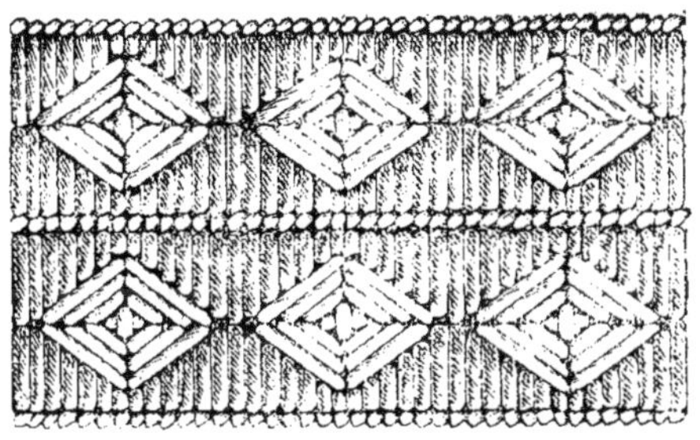

Fig. 74.

canevas, il faut commencer par le point du milieu qui se fait en croix et de couleur tranchante, en prenant 3 fils de hauteur et 5 de largeur.

Le 1er point de la losange se fait par le haut du point en croix et vient se réunir à l'autre coin; il faut prendre 3 fils, ensuite 5 et enfin 7, les quatre côtés de la losange se font de la même manière, de la même nuance et toujours dans la largeur du canevas. La couleur de cette losange doit s'harmoniser avec les nuances du grand point et du petit point.

BRODERIE.

—

FESTON.

Le point de feston est le premier principe de la broderie; sa beauté ne consiste pas tant dans la

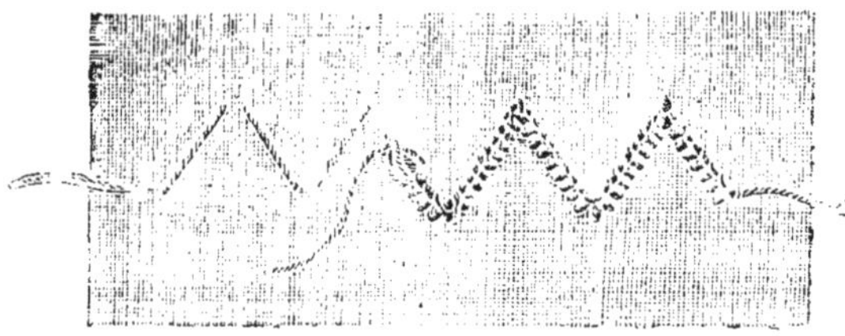

Fig. 75.

petitesse et dans la finesse que dans la régularité.

Couvrez d'abord le dessin de votre feston d'un point *avant* et tracez ainsi toute la bande ou la partie de la bande montée sur toile cirée (fig. 75).

Lorsque vous avez ainsi tracé le feston, prenez du coton un peu plus fin et très-souple, c'est-à-dire moins tordu, faites-le retomber vers vous et fixez-le sous le pouce de la main gauche. Tournez au devant du fil tracé, entrez l'aiguille dans l'étoffe sous le tracé, faites-la sortir au-dessus du coton maintenu par le pouce, et tirez vers vous jusqu'à la fin de l'aiguillée. Pour un second point, remettez le coton sous le pouce et continuez ainsi jusqu'à la fin de la dent, ayant soin de bien contourner le haut du feston, et de tirer le coton bien en droite ligne, afin que le feston ne se retourne pas en avant.

Pour passer d'une dent à une autre, piquez l'aiguille sous le tracé en dehors, ressortez-la en dedans, remettez le coton sous le pouce en passant par-dessus le tracé, et continuez ensuite comme à l'autre dent.

Pour faire un feston double ou bourré, tracez les deux côtés du feston, bourrez entre les deux tracés en point *devant*, grands à l'endroit et petits à l'envers, passant plusieurs fils vers le haut et un seul vers les pointes. Commencez ensuite comme pour le feston simple en élargissant les points vers le haut, comme le tracé.

PLUMETIS.

Cette broderie se fait pour toutes sortes d'ouvrages; mais surtout pour les petits objets de lingerie, tels que : cols, mouchoirs, manchettes, etc.

Pour l'exécuter, il faut tendre l'étoffe dessinée sur une toile cirée ou sur un papier préparé en quatre doubles. Entourez le dessin d'un point *devant*, bourrez le milieu en faisant de grands points, faites comme un grand point de cordonnet sur le *bourrage* du dessin; ne serrez tout juste que pour former le point; augmentez ou diminuez ces points selon que le tracé s'élargit ou se rétrécit. Si le dessin est partagé, il ne faut prendre que jusqu'à la nervure dont vous avez dû tracer la ligne en double, de manière à laisser un fil tracé pour un côté et un fil tracé pour l'autre. Il faut alors refaire la seconde moitié de la feuille comme vous avez fait la première : et mieux encore à points d'arme.

POINTS D'ARME.

Cette broderie (voy. fig. 76) n'est réellement belle que sur une étoffe très-claire, faite avec du coton un peu gros relativement au tissu de l'étoffe.

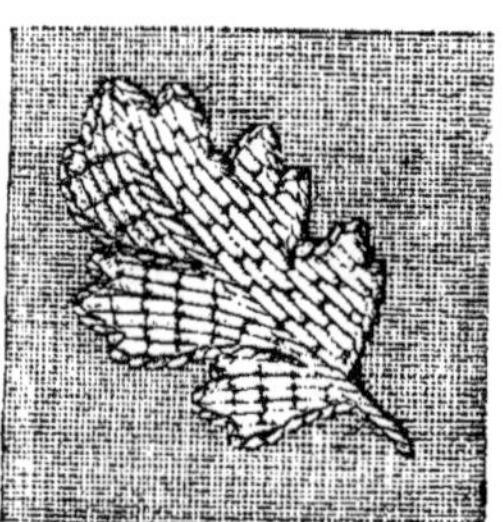

Fig. 76.

Entourez d'un point *avant* la feuille ou la fleur que vous voulez broder, faites un cordonnet en biais sur le *tracé*, remplissez l'intérieur avec des rangées d'arrière-point, ces arrière-points peuvent tous commencer sur la même ligne, ou être contrariés comme les points d'une reprise; mais toute la feuille doit être faite du même genre.

POINT DE PLUME.

La broderie au point de plume se fait comme le plumetis; il faut seulement faire les points plus longs et les pencher beaucoup (voy. fig. 77). Cette

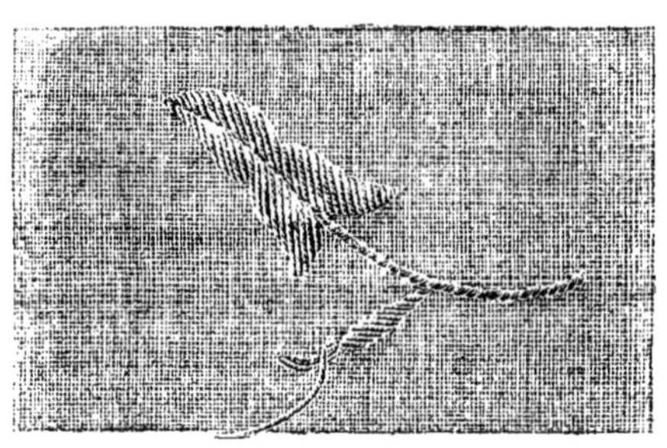

Fig. 77.

broderie est extrêmement élégante pour cols et manchettes ; elle ressort surtout lorsqu'elle est entourée d'un petit feston fait avec du cordonnet noir, aussi fin, si c'est possible, que les cheveux.

POINT DE SABLE.

Le point de sable n'est autre que le point d'arme, mais beaucoup plus petit; seulement il faut laisser entre chaque point un intervalle de leur longueur.

A la seconde rangée, il faut alterner les points avec les intervalles.

POINT DE POSTE.

Le point de poste s'emploie pour feuilles ou pétales allongés que l'on peut faire en un seul point.

Faites sortir l'aiguille à la pointe de la feuille, tournez votre coton 5 à 6 fois sur l'aiguille, en allant de gauche à droite; maintenez bien ces fils sur l'étoffe avec le pouce de la main gauche; tirez en même temps l'aiguille et le brin de coton; piquez l'aiguille à la fin de la petite feuille et ne retirez le pouce que lorsqu'il ne reste absolument d'autre coton que les tours qui étaient sur l'aiguille.

POINT D'ÉPINE.

Le point d'épine n'est qu'une sorte de feston très-large.

APPLICATION SUR TULLE.

Pour la broderie application (voy. fig. 78), choisissez du tulle de Bruxelles ou d'Alençon à mailles fines, ainsi que de la mousseline un peu épaisse, mais très-fine aussi, sur laquelle se trouve dessiné le dessin que vous voulez exécuter. Bâtissez le tulle sur une toile cirée, et la mousseline par-dessus, ayant bien soin qu'elle soit bien tirée et ne fasse pas le moindre pli. Prenez du coton n° 14 ou plus gros, si vous désirez le cordonnet plus fourni; tracez un point avant autour du dessin, afin d'adap-

Fig. 78.

ter la mousseline au tulle, et de donner un soutien à la broderie; faites sur ce premier fil ce qu'on appelle un cordonnet, qui n'est autre chose que le point de surjet; si vous désirez le cordonnet bien fourni, tracez le dessin avec du coton plus gros que celui que vous devez employer pour le cordonnet.

Si au contraire vous voulez avoir une broderie plus légère et copier l'imitation d'Angleterre, entourez ce dessin de fil très-fin, et couvrez d'un point de feston avec du fil encore plus fin comme à la figure; ce dernier genre de broderie est surtout exécuté pour fanchon de soirée, entre-deux, cols, manchettes, entourage de mouchoirs, etc. La broderie au cordonnet est surtout pour les objets plus grands: garniture d'autel, dessus de pelote, etc. Une fois les fleurs ou autres dessins entourés, prenez des ciseaux à pointes très-fines, et découpez la mousseline autour du feston ou du cordonnet, avec beaucoup de précaution, pour ne pas déchirer le tulle.

L'intérieur des grandes fleurs s'orne ordinairement de jours; nous donnons plus loin l'explication des plus remarquables.

Cette broderie, que la mode remet en vogue, donne des ouvrages presque aussi beaux que l'application d'Angleterre.

REPRISE.

La broderie à *reprise*, reprend faveur depuis quelque temps. Elle est exécutée sur tulle noir pour ornements de chapeaux; sur tulle blanc pour fichus, voiles de fauteuils, couvre-édredons, etc.

Pour garniture de chapeaux, prenez du tulle noir, bâtissez-le sur un dessin que vous avez choisi sur papier blanc. Tracez sur le tulle le dessin avec de la soie noire *floche*, beaucoup plus grosse que celle qui doit remplir le dessin; remplissez ensuite l'intérieur du dessin en faisant le point de reprise : c'est-à-dire en prenant un brin de tulle sur l'aiguille, en laissant un au-dessous, et suivant bien la même ligne du tulle.

Cette broderie sur tulle noir imite le genre espagnol, en usage en ce moment pour chapeaux, pardessus, châles, écharpes.

Pour rideaux, voiles de fauteuil, etc., prenez du tulle à mailles très-grandes et tracez de même les dessins avec du coton plat, toujours plus gros que celui dont vous devez vous servir pour couvrir le dessin. Passez 3 ou 4 fois dans la rangée du tulle, selon la grandeur de la maille.

Pour les voiles de meubles, il faut le coton et le tulle très-gros.

Cette broderie est aussi fort en usage pour les garnitures d'autel.

BRODERIE DOUBLE POINT D'ÉPINE.

Ce genre de broderie est un des plus nouveaux, et convient surtout aux costumes d'enfants, en piqué blanc; le dessin que nous donnons (voy. fig. 79) peut être reproduit pour cet usage.

Cette broderie consiste en deux points feston très-larges et faits en sens inverse, de manière que les deux bordures se trouvant côte à côte, forment une espèce de cordonnet. Le fil d'Ecosse doit être gros et très-tordu, l'aiguille presque aussi grosse qu'une aiguille à laine. Les étoiles se font à point lancé, c'est-à-dire en faisant sortir l'aiguille par une extrémité du dessin, et la piquant à l'autre ex-

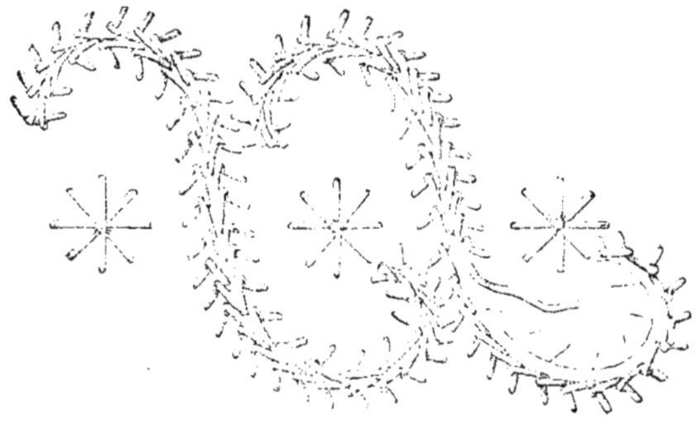

Fig. 79.

trémité, pour la faire ressortir au commencement de l'autre ligne de l'étoile.

Ce dessin peut être exécuté en noir, ou bien en couvrant la guirlande en blanc et les étoiles en noir, ou autre nuance, mais de bon teint. On peut broder aussi des costumes de dames en piqué ; par exemple, étoffe maïs, broderie en noir : ceci est plus nouveau que la broderie à soutache.

APPLICATION SUR DRAP POUR CACHEMIRE.

Pour exécuter cette broderie (voy. fig. 80), il faut découper soi-même ou faire découper les fleurs ou les guirlandes que l'on veut appliquer sur drap, cachemire ou velours. Quelle que soit l'étoffe, les dessins se font toujours avec drap. Le bord des fleurs ou de la tige se fait à points de feston très-large ou

Fig. 80.

bien à point jeté, c'est-à-dire à arrière-point, plus ou moins long selon le dessin que l'on entoure.

Le milieu des feuilles du dessin que nous reproduisons doit être fait au point russe, qui n'est autre chose qu'un point lancé un peu court. Les fruits sont au plumetis avec cordonnet un peu gros.

Voici, pour servir de guide, les nuances de la guirlande que nous donnons.

Bande de drap fond noir ou blanc, feuilles vertes festonnées alternativement, l'une avec cordonnet cerise, l'autre avec cordonnet jaune clair, nuances contrariées de telle manière que celles qui sont entourées de cerise d'un côté, correspondent avec celles qui sont entourées de jaune du côté opposé. Les épines du milieu sont en cerise pour les feuilles entourées de jaune et réciproquement, les pois, brodés au plumetis avec cordonnet cerise, les tiges faites au point de chaînette avec cordonnet couleur bois à deux nuances, c'est-à-dire la ligne de droite à nuance plus claire que la ligne de gauche.

Ces bandes, alternées avec des bandes de velours ou de drap de nuance différente, font de magnifiques garnitures de meubles : chaises, fauteuils, coffres à bois, etc.

BRODERIE SUR FOND CACHEMIRE.

Cette broderie (voy. fig. 81) prend beaucoup d'extension et semble vouloir détrôner la tapisserie ; elle est du reste très-facile à exécuter.

Semé pour tapis turc.

Pour tapis, prenez un carré de drap fond rouge

et marquez avec des points les distances de semé dont vous faites tracer le dessin par un dessinateur.

Formez la tige avec deux festons qui couvriront les lignes de chaque côté, couvrez de points lancés les petites lignes parsemées sur le milieu,

Fig. 81.

feston et points lancés couleur bois. Entourez les feuilles d'un feston assez serré, cordonnet vert ; couvrez les épines du milieu avec des points russes, cordonnet vert plus foncé ; posez de la soutache or ou cerise sur les poires, et cousez cette soutache avec cordonnet de nuance tranchée.

Les tout petits insectes lancés autour du bouquet, doivent être brodés avec du cordonnet très-fin et de couleur éclatante.

Si le semé doit être brodé pour coin de serviette à thé, choisissez de la toile écrue, très-fine, et surtout très-serrée. Il faut, pour drap ou toile, que les nuances soient éclatantes et d'une grande solidité.

Ce dessin brodé sur cachemire formerait aussi un écran de cheminée, très-élégant ; il faudrait alors le cordonnet plus gros que pour serviette à thé.

POINT RUSSE.

Pelote ou écran sur cachemire (voy. fig. 82).

Prenez de la soie plate cerise, et couvrez la grande tige au point de chaînette ; faites les petites tiges aussi au point de chaînette avec soie verte, ainsi que le calice des bluets; celui qui est épanoui à deux nuances, les bluets avec soie bleue. Les branches d'épines doivent être alternativement roses, jaunes et cerises. Ces épines, ainsi que les bluets, doivent être brodées au point russe.

Pour faire la pelote ou l'écran, tracez sur l'étoffe un rond selon la grandeur que vous voulez donner à votre dessin, placez dessus la partie de guirlande donnée à cette figure, adaptez bien la tige, et faites-lui prendre à mesure que vous aurez recouvert le dessin, le contour de votre rond.

Vous pourriez reproduire vous-même ce dessin, et lui donner la forme que vous désirez.

Cette guirlande peut être aussi brodée sur soie

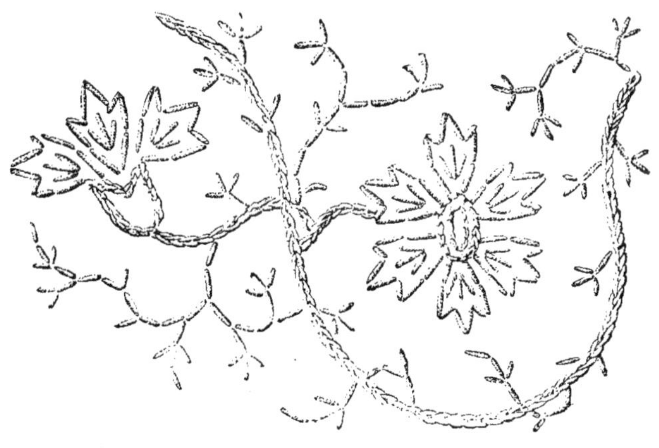

Fig. 82.

blanche ou velours noir, les épines à fil d'or. Elle est d'une extrême légèreté et d'une grande richesse.

BRODERIE GUIPURE SUR FILET, DENTELLE.

Cette dentelle (voy. fig. 83), qui est un des plus beaux dessins imitation Cluny, renferme à peu près toutes les combinaisons qui constituent ce genre de broderie.

Le point qui fait la bordure opposée au feston est

le point d'esprit que l'on fait généralement pour former les cadres des dessins et qui s'exécute en faisant un point de feston très-large dans chaque carré, et quand on a couvert d'un côté le dessin ou la rangée des carrés, en revenant en sens contraire,

Fig. 84.

c'est-à-dire en retournant son ouvrage pour faire un autre point de feston sur le fil qui remplit l'autre côté des petits carrés, et en passant à chaque point l'aiguille au-dessous du fil qui forme la maille du filet.

Les petits carrés qui encadrent l'étoile sont faits

au point de toile, qui se fait en passant 4 fils dans les carrés et en les croisant avec 4 autres fils, comme une reprise sur linge.

Les petits ronds qui entourent le feston se font en point de reprise, c'est-à-dire comme le point de toile, mais sans être croisé et tournant autour du filet ; les points de l'étoile, au point de reprise en angle, en conduisant le brin autour des deux plus proches barrettes, pour former un triangle, entrant toujours l'aiguille au-dessous de la barrette et la ressortant de manière à passer sur la barrette qui forme l'autre côté de l'angle. Vous remplirez ainsi les 4 coins qui entourent la croix de Malte.

Cette croix se formera au milieu par le petit point de feston ou de boutonnière, avec lequel vous remplirez le petit triangle formé par des brins partis d'un coin de carré, allant sortir en biais à une autre extrémité du troisième qui est sur la même ligne ; un autre fil partant du coin en face et allant s'arrêter en biais à l'autre coin en face sur la même barrette, mais du côté opposé à celui d'où est d'abord parti le premier brin ; cela forme ainsi un X que vous réunissez au milieu par un petit rond ; remplissez au petit point de feston ou de boutonnière les deux extrémités formant un angle, laissant vide le dernier tiers de cet angle.

Cette croix de Malte est réunie à la bordure par des points d'esprit.

Terminez ce dessin par un feston ordinaire que vous ornerez d'une engrelure, ou d'un picot.

Cette dentelle formera la garniture d'un couvre-

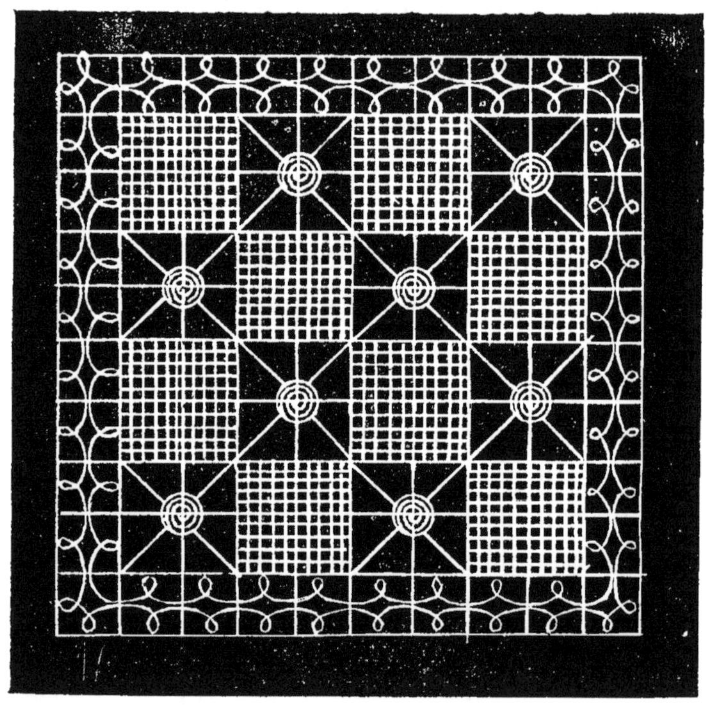

Fig. 84.

pieds, dessus d'édredon, etc., formé avec des carrés (voy. fig. 84) dont voici l'explication.

Prenez des morceaux de guipure ayant 16 mailles de haut et tout autant de large. Remplissez un petit carré de 4 mailles avec le point de toile, et garnissez le carré suivant, toujours formé de 4 mailles, d'une roue entourant 4 fois le milieu du carré et projetant en biais 4 fils qui vont se perdre dans 4 coins des carrés remplis au point de toile. Laissez tout autour une rangée de mailles qui seront remplies de deux points de feston, opposés l'un à l'autre.

Lorsque le morceau de filet sera fait, vous le coudrez à un morceau de toile fine, orné de broderie anglaise et plumetis, et vous alternerez ainsi guipure et toile, jusqu'à ce que votre ouvrage ait la grandeur convenable.

JOURS.

JOUR DE BRUXELLES SUR TULLE.

Prenez du fil de dentelle très-fin, passez-le, pour l'arrêter, sous le feston et sous la fleur déjà brodée que vous voulez orner d'un jour (voy. fig. 85).

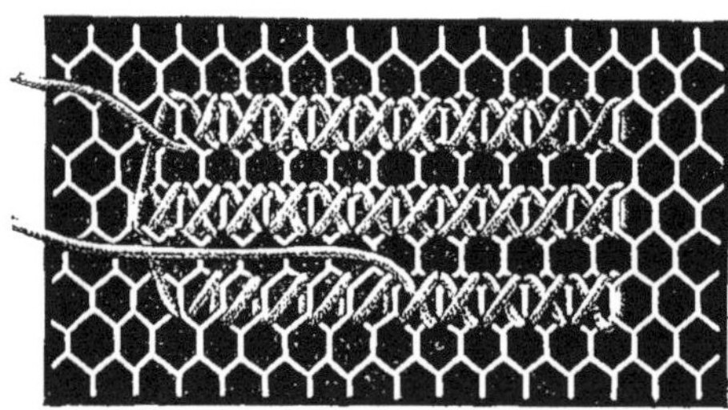

Fig. 85.

Entrez l'aiguille dans un point de tulle, sortez-la au point immédiatement au-dessous, de manière que vous ayez sur l'aiguille le brin qui joint les deux mailles, sortez l'aiguille en tirant le fil, mais sans serrer, rentrez-la dans les deux points à côté, de manière que votre fil de dentelle couvre la maille du tulle obliquement en allant de bas en haut, continuez ainsi jusqu'à la fin du morceau que vous voulez couvrir. Revenez ensuite de gauche à droite en faisant le même travail.

Commencez une nouvelle ligne dans les mêmes conditions, en ayant soin de laisser une rangée de point de tulle entre les deux lignes.

Ce point, du reste, est tout simplement le point de tapisserie fait sur le tulle.

JOUR DE STRASBOURG.

Prenez du fil d'Écosse assez gros et très-tordu, passez-le deux fois dans la rangée du tulle (voy.

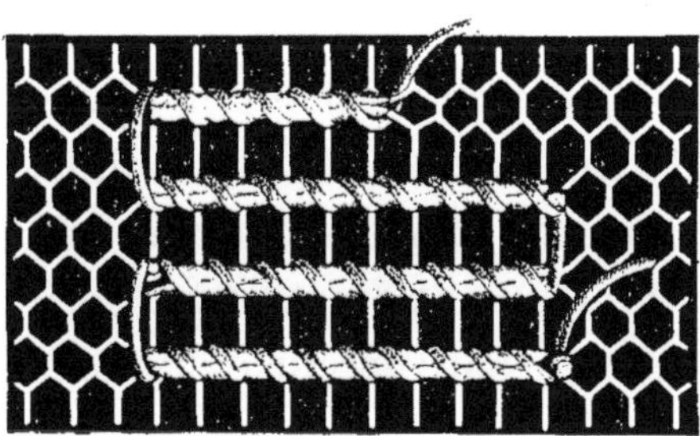

Fig. 86.

fig. 86), comme si vous vouliez faire une reprise, faites de même à la 3e rangée de tulle, en laissant une d'intervalle, et continuez ainsi jusqu'à la fin. Prenez ensuite un fil beaucoup plus fin et surjetez toutes les rangées qui sont déjà garnies par le fil d'Écosse. Serrez beaucoup votre point, de manière à éclaircir la rangée de tulle qui n'a pas été couverte.

JOUR DE PARIS.

Prenez du fil d'Écosse assez gros et très-rond. Passez-le quatre fois dans une rangée de tulle

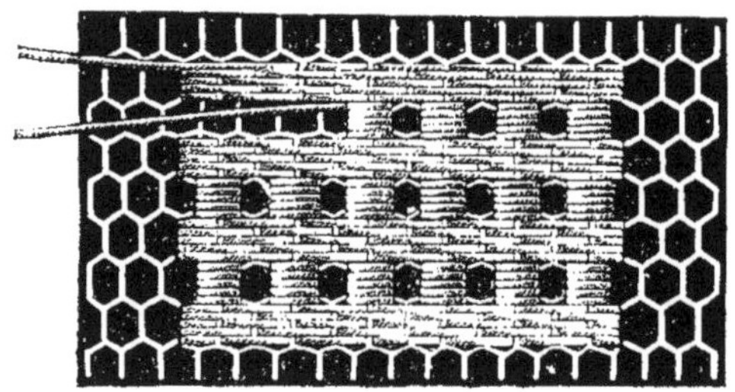

Fig. 87.

(voy. fig. 87), comme un point de reprise; en concontrariant, par conséquent, les points.

Pour la seconde rangée, couvrez une rangée de tulle et laissez l'autre à découvert; continuez ainsi, en couvrant alternativement et laissant à découvert une rangée de tulle.

JOUR SUR MOUSSELINE.

Ces jours, faits sur la mousseline, dans les broderies au plumetis, demandent plus d'application et plus d'habitude que les jours sur tulle : parce qu'il ne s'agit plus de couvrir une trame déjà faite, mais de préparer d'abord cette trame, pour la couvrir ensuite, et que ce travail demande surtout une grande finesse et une grande régularité dans les points.

Le jour (fig. 88) se fait dans les grands dessins, pour garniture d'autel, de console, etc.

Lorsque les fleurs ou les feuilles au plumetis sont brodées, enlevez le morceau d'étoffe qui tient la place du jour; tracez un point devant autour de la

Fig. 88.

mousseline; prenez du fil d'Écosse très-fin, et faites 4 points de feston, laissant le fil très-lâche, afin que les points soient très-allongés. Prenez le cinquième point plus loin, laissant sur la mousseline autant d'espace qu'en tiennent les 4 points précédents; faites encore 4 points de feston et continuez ainsi la rangée.

La seconde rangée est faite de même. Les 4 points de feston doivent être appuyés sur le fil du large feston, pour arriver jusqu'à l'autre grand point, glissez sur les 4 de dessous et formez un tout petit feston.

Commencez de même un 3e rang, en glissant sur les 4 points inférieurs et alternant ainsi les jours.

Entourez ensuite le jour par un feston fait avec du coton pareil à celui de la broderie.

JOUR A ROUES.

Ce jour sert ordinairement à former des fleurs à grappe; il peut aussi être avantageusement placé

Fig. 89.

dans des guirlandes pour bas de jupon, de pantalon, etc. (fig. 89.)

Tracez d'abord une roue avec du coton un peu gros; enlevez l'étoffe qu'entoure cette roue; faites un feston sur le tracé avec le même coton; prenez ensuite une grosse aiguille; enfilez-la avec du fil d'Écosse très-fin, n° 200 par exemple; faites autour de la roue, sur le vide, de très-grands points de feston ; garnissez les coins extérieurs de ce feston, et rapprochez-les l'un à l'autre avec des points mats, prenant alternativement sur l'aiguille, le côté droit ou le côté gauche, et allant d'un feston à l'autre en faisant un point léger de cordonnet sur le fil primitif; faites ensuite, toujours dans l'intérieur, un autre feston à très-grands points; et enfin une 3e rangée de feston, point ordinaire, qui soutiendra les grands points, et terminera le jour en le diminuant et lui donnant intérieurement la forme régulière.

TABLE DES MATIÈRES.

COUTURE.

TRICOT.

DIFFÉRENTS POINTS DE TRICOT.

FLEURS EN LAINE.

OUVRAGES FANTAISIE.

CROCHET.

MIGNARDISE.

CROCHET TUNISIEN.

TAPISSERIE.

BRODERIE.

BRODERIE SUR DRAP ET CACHEMIRE.

JOURS.

PARIS. — TYPOGRAPHIE A. LAHURE
Rue de Fleurus, 9, à Paris

Grammaire des jeunes filles, à l'usage des écoles et des pensionnats, par E. SOMMER, agrégé des classes supérieures, docteur ès lettres, contenant plus de 350 exercices, spécialement rédigés pour les jeunes filles par Mme CÉCILE REGNARD. 1 vol. in-12, cartonné, 80 centimes.

Cette grammaire, sans avoir, ce que son titre même ne comportait pas, la prétention d'être complète, renferme cependant tout ce qu'il est essentiel d'apprendre pour connaître pratiquement la langue. L'auteur y a donné, avec autant de développement que dans un *Cours complet*, tout ce qui concerne l'orthographe des verbes et les règles du participe passé, excluant de son livre ces questions particulières, souvent si délicates ou si obscures, qui ne peuvent guère être résolues que par la lecture des bons auteurs. Dans le corps même du livre, il a voulu que chaque règle fût suivie d'exercices destinés à en montrer l'application, et pour donner plus de place à ces exercices, il les a imprimés dans un caractère fort lisible, mais moindre que celui des règles, ce qui lui a permis d'en admettre un choix non seulement plus nombreux, mais plus varié et plus complet, qu'il ne s'en trouve dans toute autre grammaire composée pour les écoles. Ces exercices, étant spécialement destinés aux jeunes filles, devaient, naturellement, être composés et écrits par une femme. L'opinion des personnes compétentes s'est accordée à reconnaître que M. Sommer ne pouvait mieux s'adresser, pour un travail de ce genre, qu'à la plume délicate, élégante et facile de Mme Cécile Regnard.

Cours de dictées, convenant à toutes les méthodes d'enseignement grammatical, et spécialement adaptées à la *Grammaire des jeunes filles;* par Mme CÉCILE REGNARD. 1 vol. in-12, cartonné, 1 fr. 80 c.

Ouvrage couronné par la Société pour l'instruction élémentaire et par la Société nationale d'encouragement au bien.

Ce Cours de dictées, destiné à l'usage spécial des jeunes filles, a été composé d'après un plan tout nouveau. Il est divisé en deux parties graduées : *Dictées sur les éléments du langage* et *Dictées sur la syntaxe.* Une courte donnée, placée en tête de chaque devoir, fournit à la maîtresse le moyen de changer la dictée en exercice d'analyse ou d'application; et les sujets formant toujours des récits en texte suivi, le volume peut servir de livre de lecture. « Mon expérience d'institutrice, dit l'auteur dans sa préface, m'a prouvé que la jeune élève, en écrivant sous la dictée, ne pense presque jamais aux mots que trace sa plume distraite, parce que la plupart des sujets ne l'intéressent pas assez. J'ai donc fait en sorte d'approprier ce Cours à son intelligence ainsi qu'à ses goûts et à sa jeune imagination. »

Compositions françaises, à l'usage des jeunes filles ; par Mme CÉCILE REGNARD. 1 vol. in-12, cartonné, 1 fr. 50 c.

Ouvrage couronné par la Société pour l'enseignement élementaire et par la Société d'encouragement au bien.

Ce livre se compose de lettres écrites dans toutes les situations de la vie où peuvent se trouver des jeunes filles, de narrations historiques et aussi, en vue des examens, de développements sur des sujets pédagogiques. L'auteur est partie de ce point de vue que telle jeune fille qui écrira correctement un récit historique est souvent incapable d'écrire avec aisance et précision une lettre motivée par les plus ordinaires relations sociales ; elle s'est efforcée de donner de nombreux exemples de ce que doivent être l'esprit et le style des lettres de ce genre.

22 914. — Typographie A. Lahure, rue de Fleurus, 9, à Paris.

www.ingramcontent.com/pod-product-compliance
Ingram Content Group UK Ltd.
Pitfield, Milton Keynes, MK11 3LW, UK
UKHW021058270726
13994UKWH00009B/270